결국엔 오르는
집값의 비밀

결국엔 오르는
집값의 비밀

고수가 알려주는　　　　　**부동산 사이클의**

김준영 지음　　　　　　　　　　　　　　　**법칙**

한국경제신문

이 책의 시장 분석 시점은 2024년 1분기로, 이를 기준으로 하면 2026년 주택 입주물량이 더 늘어날 수 있으며, 그에 따라 주택의 3년 누적 공급량에 변화가 있을 수 있다는 점을 참고하시기 바랍니다.

혼란의 시기일수록 본질을 봐야 한다

이 책을 쓴 이유는 부동산시장의 근본이 무엇인지 이야기하고 싶었기 때문입니다. 무엇으로 시장이 움직이는가? 부동산에 수요는 얼마나 되는가? 시장에 영향을 주는 진짜 공급은 어떤 것인가? 그리고 우리 주택시장에만 있는 독특한 제도인 전세가 매매가격에 어떻게 영향을 미치는가? 이런 의문에서 글을 쓰게 되었습니다.

10년 넘게 '수요'에 대해 공부할 때는 명확하게 답을 얻지 못했는데, '공급과 거래'를 공부하면서 어느 정도 답을 얻을 수 있었습니다. 그리고 '매매가격은 전세가격 상승률을 기반으로 임차인이 거주하는 동안의 임대료 증가분으로 측정되고 있다'라는 결론을 내렸습니다.

물론 매매가격과 전세가격에 한정지을 게 아니라 주택의 가격을 만드는 원리와 숨은 뜻을 다양하게 공부한다면 좀 더 본질에 다가갈 수 있을 것입니다.

그 어느 때보다 지난 2023년과 2024년 그리고 다가올 2025년의 부동산시장에 대한 전망이 전문가마다 극명하게 엇갈리고 있습니다. 연일 기사 등을 통해 경매물건이 폭증하고 있다는 얘기와 반대로 낙찰가율이 크게 상승하고 있다는 얘기가 들려옵니다. 시장 하락에 초점을 맞춘 사람들은 매도물량이 사상 최대라고 하고, 또 다른 한 편에서는 전세매물 부족으로 전세가격이 상승하며 다시 매매가격이 오를 거라고 말합니다. 어떤 곳은 분양 경쟁률이 높게 나오고, 다른 쪽에서는 미분양이 증가한다고 합니다.

같은 시장 안에서 상승의 신호와 하락의 신호가 동시에 나오고 있는 것입니다. 이렇게 판단이 매우 어려울수록 시장의 본질을 볼 수 있어야 합니다. 그러지 않으면 시장의 방향을 알 수가 없습니다.

이번 책에서는 주택시장의 가격을 만드는 본질적인 것이 무엇인지 그리고 어떤 수요에 의해서 주택수요가 만들어져가는지, 그 원리와 시장을 해석하는 방법을 이야기했습니다. 책에서 자세하게 설명되어 있지만, 분양에서 입주까지 완공되는 3년 동안의 수요가 모여서 1년의 거래량이 나오고, 1년의 거래량만큼 공급을 했을 때 가격 상승이 멈추게 됩니다. 이를 토대로 3년 누적 공급량(입주물량)이라는 것도 발견한 것입니다.

부동산 통계는 아무 의미 없이 만들어진 것이 아닙니다. 도시의 특성과 환경이 만든 수요에 의해 끊임없이 움직이며 형성된 숫자들입니다. 무엇보다 매매가격을 예측하기 이전에 그 도시가 가지고 있는 특성을 통해 만들어진 통계들을 이해한다면, 거꾸로 그 도시를 명확하게 이해하는 데 도움이 될 것이라고 생각합니다.

지금의 혼란한 시기에 어떤 통계들이 시장의 방향을 말하고 있는지, 그리고 미래의 모습이 담겨 있는지, 이번 책에서 그 인사이트를 얻어갈 수 있었으면 합니다.

김준영

서장

인구감소보다 큰 공급감소 충격이 온다

한국의 주택시장을 거시적으로 분석해 보면 전세시장의 변화라고 해도 과언이 아닙니다. 다시 말해 우리나라의 주택시장은 전세의 부족과 안정이 반복되는 시장이었습니다. 또한 전세시장은 주거 부족(전세수급)과 부동산 수익률(전세가율)이라는 중요한 두 가지 환경을 조성하기 때문에 큰 의미를 갖습니다.

과거를 돌아보면, 전세수급지수가 급등한 시점은 반드시 공급의 급감이 있는 시기였습니다. 전세수급지수란 전세의 공급과 수요 비율을 지수화한 지표입니다. 100을 기준으로 이보다 낮으면 전세 공급이 우세하고 이보다 높으면 공급이 부족하다는 것을 의미합니다. 특히 경제위기와 같은 큰 위기에서 도시 내부의 공급환경이 무너질 때, 이는 2~3년 후의 공급 급감과 전세수급 불안으로 이어졌고, 시차를 두고 대부분의 도시에서 매매가 상승으로 이어졌습니다.

일례로 1998년 외환위기 뒤에 전국적으로 공급이 급격히 감소했습니다. 〈그림 0-1〉에서 보듯이 공급이 급격히 감소하면서 1998년 외환위기 이후 2000~2002년까지 전세수급지수가 크게 오르게 됩니다. 이렇게 전세가 부족한 시기에는 전세수급지수가 오르며 전국 대부분 아파트의 매매가격이 상승했습니다.

또 2008년 금융위기에도 공급이 급감해 지방의 도시들은 2009년부터 매매가 상승이 시작되었고 2013년 하반기에는 수도권에서도 매매가 상승이 시작되었습니다. 그런데 이처럼 수도권과 지방 사이에 매매가 상승 시점의 차이가 있는 이유는 수도권과 지방의 도시 규모 차이 때문입니다. 다시 말해 공급이 시장에 미치는 영향의 시간 차이입니다. 이 부분은 뒤에서 자세하게 설명하겠습니다.

2~3년 후에 닥칠 공급 부족이 최근 이슈가 되고 있는데 1998년, 2008년 이후와 비교해 보면 비슷한 흐름으로 가고 있는 듯합니다. 2022년부터 금리가 급격히 상승하고 이로 인해 매매가격과 전세가격이 급락하면서 전체 주택시장이 얼어붙었습니다. 공급이 아니라 외부의 변수에 의한 충격으로 하락했던, 과거 외환위기와 금융위기 때와 비슷한 흐름입니다. 외환위기와 금융위기로 수요가 크게 위축되고 매매 거래량이 급격히 감소해서 건설경기가 매우 어려워져 미분양이 크게 증가한 부분도 비슷한 상황입니다.

게다가 부동산 PF 부실 문제로 시장이 더욱 악화될 것이 우려되고 있습니다. 즉 주택시장이 하락하고 금리가 높아지면서 대출금 회수가 어려워 발생하는 금융권의 부실 위기 환경에서 건설자재값 상승, 인건비

◎ 그림 0-1 전국 입주물량과 전세수급지수

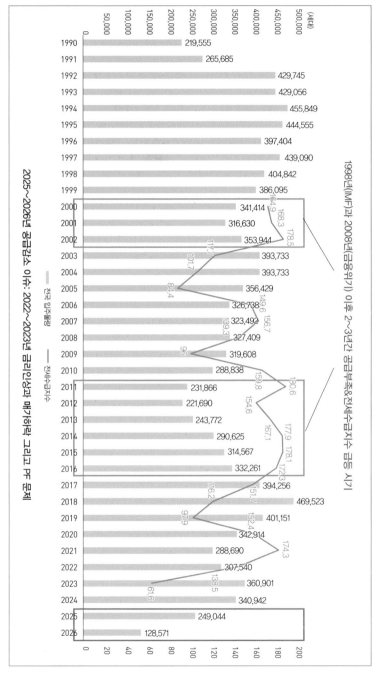

자료: KB부동산

1998년(IMF)과 2008년(금융위기) 이후 2~3년간 공급부족&전세수급지수 급등 시기

2025~2026년 공급감소 이슈: 2022~2023년 금리인상과 매가하락, 그리고 PF 문제

■■■ 전국 입주물량　　—— 전세수급지수

(세대)

연도	입주물량	전세수급지수
1990	219,555	
1991	265,685	
1992	429,745	
1993	429,056	
1994	455,849	
1995	444,555	
1996	397,404	
1997	439,090	
1998	404,842	
1999	386,095	
2000	341,414	164.9 168.3
2001	316,630	178.5
2002	353,944	117.7
2003	393,733	101.7
2004	393,733	84.4
2005	356,429	149.6 156.7
2006	326,738	189.3
2007	323,492	
2008	327,409	96
2009	319,608	
2010	288,838	159.8 180.6
2011	231,866	154.6
2012	221,690	167.1
2013	243,772	177.9 178.1 172.3
2014	290,625	
2015	314,567	
2016	332,261	
2017	394,256	116.2 151.7
2018	469,523	
2019	401,151	97.9 152.4
2020	342,914	174.3
2021	288,690	
2022	307,540	138.5
2023	360,901	61.6
2024	340,942	
2025	249,044	
2026	128,571	

서장　│ **011** │

상승으로 인한 분담금 상승 문제로 재건축 단지 곳곳에서 파열음이 나고 있습니다.

국토교통부의 자료에 따르면, 2023년 1월에서 11월까지 전국 공급물량은 전년 대비 36.9% 감소한 29만 4,471호입니다. 수도권은 28.3%, 지방은 41.8% 감소했습니다. 착공물량은 17만 378호로 전년 대비 52.4% 감소했습니다. 이처럼 인허가 건수와 착공물량이 크게 감소하는 것으로 나오는데, 이는 공급의 선행지표라고 할 수 있습니다. 다시 말해 2025년부터 2026년의 입주물량이 감소한다는 뜻입니다. 〈그림 0-1〉에서 보듯이 2024년은 입주물량이 34만 942세대, 2025년은 24만 9,044세대, 2026년은 12만 8,571세대(2026년은 예정된 추가물량 있음)입니다.

평균 공급량 대비 2024년 공급량은 98.8% 수준을 유지하지만 2025년은 27.7% 감소합니다. 인구감소라는 이슈가 미래의 주택수요에서 큰 화두라면, 당장 다가오는 2025년에서 2027년에는 주택 부족이 현실의 문제가 될 가능성이 매우 높습니다. 최근 지방의 작은 도시들에서 매매가격의 상승이 일어나고 있는 것은 당장의 공급 부족에서 비롯된 전세 부족으로 인한 것이라고밖에 설명할 수 없을 것입니다.

우리 주택시장을 이해하는 것은 전세가격, 전세가율, 전세수급, 전세가 상승률 등에 담겨 있는 의미들을 정확하게 해석하는 것이라고 해도 과언이 아닙니다. 전세라는 임대 형태는 신규공급과 미분양에 크게 영향을 주기 때문입니다.

이처럼 전세제도는 우리 주택시장의 근간이기도 하며 시장을 파악하는 데 가장 중요한 키를 가지고 있습니다. 이 책은 많은 부분이 전세에 대한 해석이며, 전세 해석을 통해 시장을 바라보고 분석하는 데 중점을 두었습니다.

주택시장을 바라보고 파악하는 데 큰 도움이 되리라 생각합니다.

1장

집값은 이렇게 만들어진다
_ 전세의 이해

전세가가 매매가를
밀어 올리는 이유

다른 재화와 마찬가지로 부동산 역시 가치가 변화하는데, 그 가치의 변화는 곧 사용료의 변화입니다. 기업이 상품을 생산하고 판매해서 얼마나 수익을 내는가에 따라 그 기업의 가치가 평가되곤 합니다. 부동산은 해당 부동산이 생산하는 전세와 월세 가격으로 그 가치를 평가합니다.

흔히 전세가격이 오르면 매매가격을 밀어 올린다고들 합니다. 그것은 단순히 매매가격과 전세가격의 갭이 적다는 의미만은 아닙니다. 부동산의 전세가격이 올랐다는 것은 사용료가 높아졌다는 것이고, 기업이라면 수익이 늘어난 것과 같습니다.

전세가격이 올랐을 때, 이를 월세로 전환한다면 더 높은 수익을 낼 수 있습니다. 즉 현금흐름이 좋아졌다고 할 수 있습니다. 수익이 늘어난 기업의 가치가 오르듯이 수익이 올라간 부동산도 가치가 높아지는 것입니다. 물론 과거 사례를 보면 수도권은 전세가격이 상승하는데도 매매가

결국엔 오르는 집값의 비밀

◐ 그림 1-1 **가치 평가 기준**

기업의 가치 평가 - 매출, 이익 　　주택의 가치 평가 - 전세, 월세

기업도 주택도 결국 수익을 생산하는 능력이 가치가 된다

격이 하락한 적이 있습니다. 그 이유는 특히 수도권은 전세가격 상승이 매매가격 상승으로 이어지기까지 시간이 걸리기 때문입니다. 전세가격이 오르고 그로 인해 전세가율이 평균 수익률 구간을 넘어서면 매매가 상승으로 이어지게 되는 것이지요. 과거 외환위기와 금융위기 두 차례 모두 전세가율이 60%를 넘어서는 시점이었습니다.

　반대로 매매가격이 하락할 때 전세가격 하락이 동반되는 경우가 대부분입니다. 결국은 사용가치인 전세가격의 상승과 하락, 월세가격의 상승과 하락이 주택의 현재 가치와 가격으로 연결되는 것입니다. 단순히 전세가격이 매매가격을 밀어 올리는 것이 아니라 그 주택의 사용가치인 전세가격의 변동에 따라 그 주택의 가격과 가치가 평가되는 것입니다.

부동산의 성장은
전세 상승률에 달려 있다

주택가격의 평가는 임대료를 근거로 합니다. 주거형 부동산의 가격이 지속적으로 성장한다는 것은 그 주택의 사용가치가 지속적으로 상승한다는 것과 같은 의미입니다. 그러므로 주택가격의 지속적인 성장은 어디에서 오는지, 그리고 수익률에 대한 개념을 제대로 이해하는 것이 장기적으로 주택시장을 이해하는 데 도움이 됩니다.

주식시장에서 기업의 성장이란 매출이 상승하고 생산성이 높아져 수익이 극대화되어 수익률이 오르는 것을 말합니다. 그렇다면 부동산에서의 성장은 무엇을 말하는 것일까요? 상가에서는 월세 상승률이고 주거용 부동산에서는 월세 상승률과 전세 상승률입니다. 쉽게 어떤 지역의 연평균 월세 상승률과 전세 상승률이라고 할 수 있습니다.

여기서 중요한 것은 성장률은 수익률과는 다른 개념이라는 점입니다. 수익률은 투자금에 대비해서 월세를 얼마나 받는가에 따라 달라집니다.

결국엔 오르는 집값의 비밀

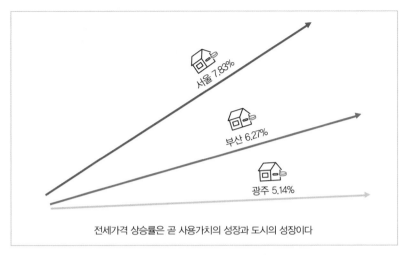

전세가격 상승률은 곧 사용가치의 성장과 도시의 성장이다

자료: KB부동산

전월세가 지속적으로 상승하는 것과는 전혀 다른 개념입니다.

먼저 도시별 전세 상승률에 대해 알아볼까요. 수도권에 위치한 도시와 지방 광역시는 연평균 전세 상승률에서 확연하게 차이가 나고, 지방 광역시 중에서도 도시의 성장이 높은 곳은 연평균 전세 상승률이 높게 나오고 있습니다.

KB부동산 자료에 따르면, 1987년부터 2023년까지 36년간의 평균 전세 상승률은 서울이 7.83%, 부산이 6.27%, 대구가 6.01%, 인천이 8.11%, 광주가 5.14%, 대전이 6.97%, 울산이 5.48%입니다.

즉 서울의 아파트는 36년 동안 연평균 7.83%의 임대료를 생산한 것이고 광주의 아파는 연평균 5.14%의 임대료를 생산한 것입니다. 수도권과 지방 광역시의 현재 주택가격 차이를 보면 지역 간 발전 정도와 성장의 차이를 체감할 수 있듯이, 임대료를 통해서도 성장이 높은 지역과

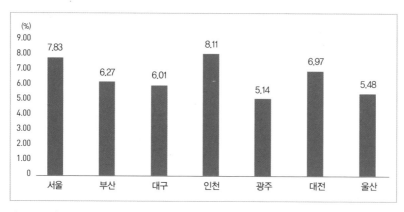

● 그림 1-3 **주요 도시의 연평균 전세 상승률**

자료: KB부동산

낮은 지역 간 차이를 알 수 있습니다. 이처럼 인구감소나 저성장이 화두가 되는 소도시로 갈수록 임대료 상승률이 낮아지는 것을 통계로 확인할 수 있습니다. 결국 이러한 임대료의 상승률이 그 지역의 주택가치로 이어지는 것입니다. 또한 장기적인 미래의 주택가격이 될 가능성이 있습니다.

서울은 왜
전세가율이 낮을까

다시 한 번 말하지만 전세는 해당 부동산의 사용가치이며 월세로 전환하면 현재의 현금흐름이 됩니다. 또한 전세의 성장은 새로운 주거수요의 성장이라는 의미도 있으며, 소득의 성장은 전세의 성장 그리고 매매수요의 성장으로 연결됩니다. 결국 매매가격은 매수수요에 의해서 결정되며, 이는 전세 상승률을 기반으로 미래의 현금흐름을 미리 반영한 기대수익이라고 할 수 있습니다. 기대수익인 매매가격이 반영된 결과값이 전세가율로 나타나게 됩니다.

전세가율이란 주택의 매매가격 대비 전세보증금의 비율을 말하는데요. 가령 주택의 매매가격이 1억 원이고 전세보증금이 7,000만 원이라면 전세가율은 70%입니다. 이러한 전세가율이 형성되어 가는 과정에는 전세 상승률이 중요한 역할을 합니다.

그래서 전세 상승률이 낮은 도시와 높은 도시는 미래의 기대수익 차이

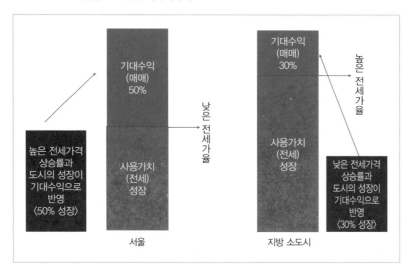

○ 그림 1-4 전세가율로 보는 주택가격의 구조

에 의해서 전세가율이 다르게 만들어집니다. 서울은 평균 전세가율이 가장 낮은 지역입니다. 전세가격 상승률이 높고, 이것이 미래의 기대수익인 매매가격에 크게 반영되어 현재의 시세로 나타나 있기 때문입니다. 반면 전세가율이 높은 도시들 대부분은 전세가격 상승률이 낮습니다. 이렇게 낮은 전세 성장을 반영하여 기대수익인 매매가격이 상대적으로 낮습니다. 따라서 전세가율이 높게 형성되어 있습니다. 이처럼 전세가격 성장률 차이에 따라 서울과 지방 광역시의 중심지역으로 갈수록 기대수익이 크게 반영되어 낮은 전세가율이 형성되어 있습니다. 반면 소도시와 외곽으로 갈수록 낮은 전세가격 상승률로 인해 기대수익인 매매가격이 낮아 전세가율이 높습니다.

이렇듯 전세가율은 도시의 성장과 미래의 기대수익이 반영된 매매가격에 의해 만들어집니다. 전세가율은 또한 수익률과 리스크 측면에서도

결국엔 오르는 집값의 비밀

● 그림 1-5 **상품으로 보는 전세가율의 의미**

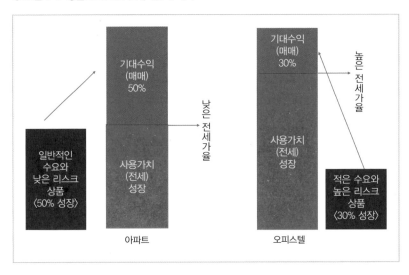

확연하게 반영되어 평균 전세가율이라는 가격 구조를 만들게 됩니다. 수익률과 리스크 부분은 뒤에서 한 번 더 살펴보겠습니다.

전세가율로 만들어진 가격의 구조를 말하는 것은 어느 도시가 좋고 어떤 상품이 좋다고 이야기하는 것이 아닙니다. 시장의 상황에 따라 낮은 리스크가 있는 상품이나 지역도 하락을 하고, 수익률이 높거나 리스크가 큰 지역도 저평가되는 시점이 있기 때문입니다

전세가격 상승률이 주택시장의 성장을 기본으로 해서 과거부터 지금까지 축적된 모습이라면, 이를 잘 보여주는 것이 전세가율로 인한 가격의 구조입니다. 경제성장과 인구성장이 둔화되는 시대적인 흐름에서 가격 구조의 변화를 알아간다는 것은, 다가올 우리 주택시장의 미래 모습을 간접적으로 알 수 있는 가장 중요한 요소입니다.

주택가치 변화의 두 가지 경로, 전세와 금리

자산시장에서 두 개의 큰 축이 부동산과 주식입니다. 그리고 자산시장의 한 축인 부동산의 가치는 돈의 사용가치, 즉 금리와 밀접한 관계가 있습니다. 앞에서 이야기했듯이 부동산의 가치 평가에서 가장 중요한 것은 그 주택에서 나오는 임대료(전세, 월세)이고, 단기적인 임대료 변화에 따라서도 주택가격은 변동합니다. 이렇게 주택가격 평가에 중요한 임대료는 임대인 입장에서는 수익이며, 임차인 입장에서는 비용입니다. 그리고 임차인 입장에서 보는 임대료는 돈의 사용비용인 금리에 크게 영향을 받게 됩니다.

그러면 금리의 변화가 어떻게 임대료인 전세가격의 변화를 만들어내는지 〈그림 1-6〉을 통해 설명해 보겠습니다. 어떤 아파트가 전세가율이 평균 50%로 고정되어 있다고 가정합니다. 만약 전세가격이 1억 원이라면 그 주택의 거주비용은 1억 원입니다. 이 1억 원을 은행에서 이율 10%

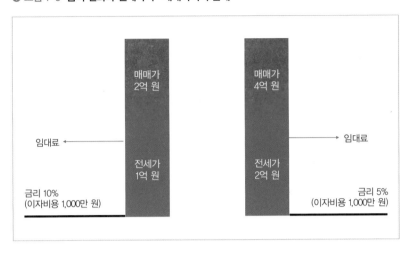

로 빌린다면 1,000만 원의 이자를 지불해야 됩니다. 따라서 실제 거주비용(이자비용)은 1,000만 원이 됩니다(대출에 따른 각종 비용은 제외).

이번에는 금리가 5%이고 전세가격이 2억 원일 때를 살펴보겠습니다. 2억 원을 이율 5%로 대출받는다면 실제 거주비용은 1,000만 원으로 금리가 10%, 전세가격이 1억 원일 때와 동일합니다. 그런데 전세가율이 50%로 고정되어 있다면 거주비용은 같지만 매매가격은 2억 원에서 4억 원으로 오르게 됩니다. 돈의 사용비용인 금리가 10%에서 5%로 떨어진 비율만큼, 자산가치는 2억 원에서 4억 원으로 상승한 것입니다.

흔히 돈의 가치가 떨어져서 자산의 가치가 올랐다고 말을 하지요. 그 말처럼 금리의 변화만으로도 전세가격과 매매가격이 변동합니다. 첫 번째로 자산가치의 상승과 하락은 공급에 의한 임대료 변화에서 생겨나는 짧은 변동성에 가깝다고 할 수 있고, 두 번째로 금리의 하락은 돈의 사용가치 하락에서 오는 자산 상승에 가깝습니다. 이렇게 자산가치는 두 가지의 경로를 통해서 변화를 만들어내게 됩니다.

매매가격과 전세가격에 숨은 의미들

매매가격과 전세가격은 나무의 가지들처럼 하나로 성장하는 것과 같습니다. 하지만 각각의 성장에는 중요한 의미가 있으며 이를 이해한다면 우리 주택시장에 조금 더 근본적으로 접근할 수 있을 것입니다.

첫 번째, 매매가격을 한 마디로 정의하자면 미래가치입니다. 미래의 가치인 매매가격에는 기대수익이 반영되어 있습니다. 기대수익에는 지역의 발전에 대한 기대 그리고 호재 같은 도시의 미래 성장과 개발에 대한 기대치가 반영되어 있습니다. 하지만 기대인 만큼 호재가 사라지거나 개발이 무산되면 언제든지 가격이 떨어지게 됩니다.

또한 오래된 아파트나 주거지역에서 새로운 주거타운이나 신축으로 재탄생하는 아파트의 주거품질 향상에 대한 미래가치가 가장 잘 반영된 곳이 재개발 지역이나 재건축 단지들입니다. 미리 가치가 반영된 만큼 이런 곳들은 높은 가격이 형성되어 있습니다.

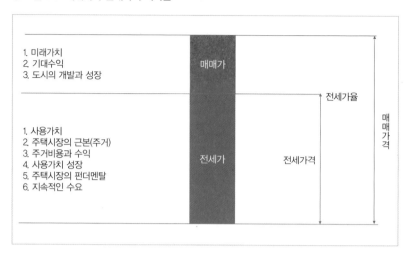

○ 그림 1-7 매매가와 전세가의 의미들

1. 미래가치
2. 기대수익
3. 도시의 개발과 성장

매매가

전세가율

1. 사용가치
2. 주택시장의 근본(주거)
3. 주거비용과 수익
4. 사용가치 성장
5. 주택시장의 펀더멘탈
6. 지속적인 수요

전세가

전세가격

매매가격

미래가치인 기대수익률에 가장 많이 반영되는 것이 전세가격 상승률입니다. 전세가격 상승률이 높은 도시일수록 미래가치가 많이 반영되어 매매가격과 전세가격이 벌어져 있기 때문에 전세가율이 낮은 이유이기도 합니다.

이렇게 여러 가지 요소가 포함되어 평가하기 어려운 미래의 가치는 여러 가지 이유로 하락하기도 합니다. 가장 대표적인 하락은 사용가치인 전세가격 하락에서 나오는 매매가격 하락입니다. 또한 호재가 사라지거나 재건축·재개발이 무산되는 경우에도 매매가격이 하락합니다. 따라서 주택의 가격은 매매가격. 실거래가격, 시세, 호가 등 여러 가지 용어로 표현됩니다.

두 번째, 전세가격은 사용가치로서 우리 주택시장의 근간이고 주택의 가치를 평가하는 근본입니다. 전세를 월세로 전환하면 현금흐름이

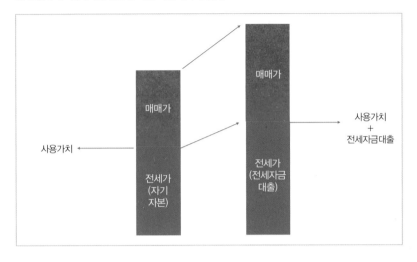

되며, 임차인 입장에서는 주거비용이고 임대인 입장에서는 수익입니다. 전세가격에 숨어 있는 또 다른 중요한 의미는, 우리 주택시장을 성장으로 이끌어가는 새로운 수요 창출의 창고 역할을 한다는 점입니다.

전세가격의 변화는 수급 문제에서 비롯되는 경우가 가장 크며, 금리의 상승과 하락 때문에 일어나기도 합니다. 또한 전세가격에 큰 변화가 생겨나게 된 것이 전세자금대출의 시행입니다. 우리 주택시장에 전세자금대출이라는 제도가 시행되기 전에는 개인의 소득이 축적되어 형성된 자산이 전세보증금으로 주택시장에 들어왔습니다.

자기자본의 성격이 강한 것이 전세보증금입니다. 이런 전세보증금은 새로운 전세수요와 함께 시장에 들어오고, 이것이 사용가치로서의 가격을 가장 정확하게 보여주는 것입니다. 이러한 이유로 전세가격이 우리 주택시장의 근본이 되었습니다.

전세자금대출 제도 시행 이후 주택 사용가치에 대출을 더한 만큼의 수준으로 전세가격이 오르게 되었으며, 전세가격과 매매가격의 변동성이 커졌습니다. 때로는 해당 주택의 사용가치보다 높은 수준으로 매매가격이 형성되어 고평가되기도 합니다.

이처럼 매매가격과 전세가격 속에 숨겨진 의미들을 통해서 어떤 경로로 가격이 형성되는지 고찰을 해볼 필요가 있습니다. 실현되지 않을 미래의 가치가 반영되었다면 가격은 떨어지게 되고, 사용가치가 올라가면 또다시 매매가격이 상승한다는 의미도 됩니다.

현재의 부동산가치는 무엇으로 평가할까

우리나라 주택은 전세라는 임대비용이 주가 되어 가격이 움직이며, 그 지역과 도시의 미래가치를 반영하여 매매가격, 시세, 호가가 정해집니다. 전세가격은 부동산시장을 둘러싼 환경, 즉 수급 환경, 지역의 특성, 상품의 특징, 금리 등 가격에 영향을 주는 여러 요인이 반영된 결과입니다. 그러므로 현재 시점의 모든 환경 속에서 형성된 임대료를 기초로 하여 매매가격을 측정하는 것이 가장 합리적인 방법입니다. 결국 주택의 사용가치를 기초로 매매가격이 형성된다는 이야기입니다.

주택의 사용가치란 곧 전세가격이고, 이를 월세로 전환했을 때 임대인에게 들어오는 수익이 얼마인가에 따라 월세수익률이 나옵니다. 상가처럼 임대료를 월세로 받는 경우 보통 월세를 기초로 자산가치를 평가하게 됩니다. 한편 주택시장에서는 임대료가 월세일 경우 월세를 전세로 전환하여 다시 매매가격(자산가치)을 평가하게 됩니다. 이렇게 월세

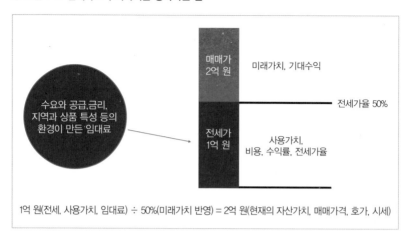

◑ 그림 1-9 **전세가로 주택가치를 평가하는 법**

매매가
2억 원

미래가치, 기대수익

전세가율 50%

수요와 공급,금리,
지역과 상품 특성 등의
환경이 만든 임대료

전세가
1억 원

사용가치,
비용, 수익률, 전세가율

1억 원(전세, 사용가치, 임대료) ÷ 50%(미래가치 반영) = 2억 원(현재의 자산가치, 매매가격, 호가, 시세)

를 전세로, 전세를 월세로 전환하는 비율을 전월세 전환율이라고 합니다. 좀 복잡하지만 월세는 전세로 전환한 다음 다시 미래가치(전세가율)를 더해 자산의 가치를 평가하게 됩니다. 예를 들어 월세가 37만 5,000원이고 전월세 전환율이 4.5%라면 전세가격은 1억 원이 됩니다. 그리고 전세가율이 50%라고 가정하면 이 주택의 가치를 2억 원으로 평가할수 있습니다(그림 1-10).

지금까지 우리 주택시장에서 자산의 가치를 평가하는 데 임대료가 기준이 되는 이유를 설명했습니다. 여기에서 오해하지 말아야 하는 부분은 자산가치를 평가하는 방법을 설명한 것이지 변동성에 대해 말한 것은 아니라는 점입니다. 주식도 부동산도 자산의 변동성은 여러 가지 원인으로 인해 생겨날 수 있습니다. 자산가치의 평가와는 별개의 이야기입니다.

자산의 가치는 변동성에 의해 때로는 고평가되기도 하고 때로는 저평

결국엔 오르는 집값의 비밀

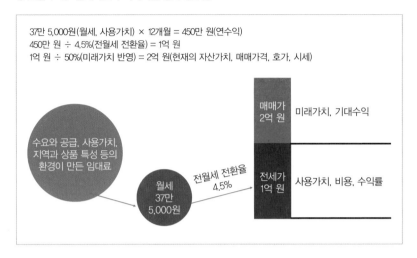

◎ 그림 1-10 월세가로 주택가치를 평가하는 법

37만 5,000원(월세, 사용가치) × 12개월 = 450만 원(연수익)
450만 원 ÷ 4.5%(전월세 전환율) = 1억 원
1억 원 ÷ 50%(미래가치 반영) = 2억 원(현재의 자산가치, 매매가격, 호가, 시세)

수요와 공급, 사용가치, 지역과 상품 특성 등의 환경이 만든 임대료

월세 37만 5,000원

전월세 전환율 4.5%

매매가 2억 원 — 미래가치, 기대수익

전세가 1억 원 — 사용가치, 비용, 수익률

가되는 시기도 오게 됩니다. 자산을 장기적인 변화의 관점에서 평가하고 투자할 것인지 아니면 단기적인 변동성을 이용해서 투자할 것인지는 개인의 판단과 선택에 달려 있습니다.

자산시장은 예측할 수 없는 외부의 변수에 의해서 급등을 하고 급락도 하게 됩니다. 과거를 돌아보더라도 이러한 변수에 의해 여러 차례의 급락이 있었습니다. 결국은 시간이 지나면서 다시 임대료가 상승했고 이는 자산의 가치를 다시 평가받게 했습니다.

지난 2009년에 부산, 대전, 울산 등 지방에서부터 주택가격이 상승했고, 2013년에는 수도권으로 이어졌습니다. 이 과정을 돌아보면 주택가격의 상승은 임대료(전세가격) 상승에서 시작되었고 이후 2019년부터는 저금리에 의한 자산가치의 변화가 크게 일어났습니다. 또한 2020년 하반기에는 임대차 3법(임대차신고제, 계약갱신청구권제, 전월세상한제)으로 인해 전세가격이 큰 폭으로 상승하며 또 한 번 매매가격을 자극했습니다. 하지만 2022년 하반기부터는 급격한 금리 인상으로 수익률이 크게 훼손되면서 매매가격을 끌어내리게 됩니다. 과거를 돌아봐도 매매가격을 결정하는 것은 결국 전세가격이라는 기본에서 크게 벗어난 적이 없습니다.

2009년부터 2023년까지 긴 시간의 흐름에서 보면, 우리 주택시장은 공급 부족에서 시작하여 중간중간 정책 실패에 의한 전세가격 급등기를 겪었고 현재는 금리 상승이라는 수익률 훼손의 시기를 지나고 있습니다.

결국 시간이 지나면 임대료가 상승하고 금리로 훼손된 수익률이 회복되면서 자산가치가 상승하는 환경으로 진입할 가능성이 있습니다. 임대료가 해당 주택의 가치 판단의 기본이 되며, 변동성을 일으키는 중요한 요소인 것입니다. 이렇게 중요한 전세가격의 변동성을 가장 크게 일으키는 것이 신규공급과 금리의 변화입니다. 금리의 방향은 예측이 힘든 부분이지만, 향후 입주물량은 파악할 수 있습니다. 그러므로 전세가격 상승 시점과 매매가격 상승을 일으키는 변곡점을 어느 정도는 확인할 수 있습니다.

부동산의 가치를 매길 때 가장 중요한 것은
그 주택에서 나오는 임대료(전세, 월세)이고,
그 임대료는 금리에 크게 영향을 받습니다.
그러므로 주택가치의 변동성을 파악하기 위해서는
임대료와 금리의 변화에 관심을 가져야 합니다.

2장

부동산시장의 변동성과
자산가치의 변화를 구분하라

부동산시장,
단기 전망과 장기 전망의 차이

앞서 주택의 사용가치인 전세가격을 기초로 자산의 가치를 현재의 시점에서 평가했다면, 이번에는 가격의 변동성과 자산가치의 변화에 대해서 알아보겠습니다.

부동산시장에 대한 단기 전망과 장기 전망에는 사용하는 통계가 달라야 합니다. 장기 전망에서 올 한 해를 전망하는 자료를 사용하면 큰 의미가 없으며 설득력이 떨어지게 됩니다. 반대로 단기적으로 시장을 전망하려면 시장의 변동성에 가장 크게 영향을 주는 요소를 찾아야 합니다. 그래서 자산가치의 변동성을 볼 것인지, 아니면 긴 시간을 두고 변화에 초점을 맞출 것인지를 구분해야 합니다.

예를 들어 소득이라는 통계는 장기적으로 우리 주택시장에서 구매력을 판단하는 기준이 됩니다. 이러한 소득을 가지고 주택시장을 단기로 전망할 수는 없습니다. 주택을 매수하는 수요의 가계소득이 어느 정도

결국엔 오르는 집값의 비밀

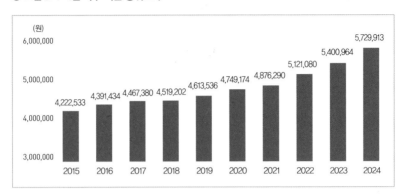

● 그림 2-1 4인 가구 기준 중위소득

(원)

연도	중위소득
2015	4,222,533
2016	4,391,434
2017	4,467,380
2018	4,519,202
2019	4,613,536
2020	4,749,174
2021	4,876,290
2022	5,121,080
2023	5,400,964
2024	5,729,913

자료: 통계청 가계동향 조사, 가계금융복지조사

축적이 되어 자산이 되었을 때 구매력으로 자리를 잡기 때문입니다.

2022년 주거실태조사에 따르면, 생애 첫 집 마련까지 걸리는 시간은 7.4년이라고 합니다. 그런데 구매력을 소득만으로 판단하기 어려운 것이 대출 금리에 따라 달라지기 때문입니다. 소득을 기반으로 하는 대표적인 통계가 소득 대비 주택가격 비율(PIR)입니다. 즉 주택가격을 연평균 가구 소득으로 나눈 값으로, 월급을 쓰지 않고 꼬박 모아 집을 장만하는 데 걸리는 시간을 의미합니다. 가령 연소득이 5,000만 원이고 집값이 1억 원이면 PIR은 10배, 집값이 10억 원이면 PIR은 20배가 됩니다. 다시 말해 전자는 집을 사는 데 10년, 후자는 20년이 걸린다는 뜻입니다.

소득은 천천히 조금씩 늘어나고 주택가격은 큰 변동성이 일어나는 시장에서 소득과 주택가격이라는 두 가지 통계를 사용한 것이 PIR입니다. 그러므로 소득보다는 주택가격의 움직임에서 나온 결과값이 PIR입니다. 이런 이유로 소득 대비 주택가격이라는 용어보다는 주택가격 대비 소득이라는 용어가 좀 더 현실적이지 않나 생각합니다.

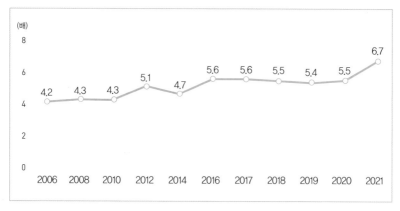

○ 그림 2-2 **소득 대비 주택가격 비율**

(배)

자료: 국토교통부 주거실태조사

〈그림 2-2〉를 보면, 2014년 이후 주택가격의 상승률에 따라 PIR 역시 상승해 왔으며 2021년 매매가격 상승률이 가장 높았던 해에 PIR 역시 가장 크게 상승한 것을 알 수 있습니다.

여기서 말하려는 것은 소득의 증가나 통화량 증가 등 장기적으로 움직이는 것을 가지고 단기 전망에 사용할 수 없다는 것입니다. 인구감소 역시 지속적인 문제이고 장기적으로 수요의 감소에 영향을 줍니다. 하지만 단기적으로는 늘어나는 가구수 그리고 수급 문제가 더 큰 변동성을 일으킵니다.

수요 측면에서 인구감소가 주택시장에 장기적으로 천천히 영향을 미친다면, 늘어나는 가구수는 단기적인 주거수요에 직접적으로 영향을 끼칩니다. 현재의 주택수요에 직접적으로 영향을 주는 것은 새로 태어나는 인구가 줄어드는 것이 아니라 가구수가 늘어나는 것입니다.

또 금융환경에서 보면 점진적인 유동성 증가, 금리 하향 추세와 같이

결국엔 오르는 집값의 비밀

긴 시간에 걸쳐 자산시장에 영향을 주는 것을 단기 전망에 사용할 수 없습니다. 이런 변수들은 단기적인 변동이 아니라 장기적인 변화에 영향을 주는 변수라고 할 수 있습니다. 장기적으로 늘어나는 유동성이나 천천히 하락하는 금리와 같은 화폐가치의 하락은 변동성이 아니라 부동산 가치의 상대적인 변화에 가깝다고 할 수 있습니다.

자산가치의 변화라는 장기적인 관점에서 시장을 볼 것인지, 가격의 변동이라는 단기적인 관점에서 시장을 바라볼 것인지 스스로 판단을 해야 할 것입니다.

자산가치의 변화는
요구수익률의 변화

자산가치의 장기적인 변화를 가장 잘 보여주는 것은 요구수익률의 변화
입니다. 우리나라 주택시장에서 요구수익률은 전월세 전환율로 구할 수
있습니다. 전월세 전환율은 임대인에게는 요구수익률이며 임차인에게
는 기회비용입니다. 즉 임대인과 임차인 입장에서 각각 수익과 비용이
됩니다.

요구수익률에 가장 영향을 가장 많이 끼치는 것은 금리입니다. 금리
의 변동과 임대인의 요구수익률의 변화에 따라 자산가치(매매가격)의 평
가도 달라지게 됩니다. 우리나라는 경제 고성장기 이후 금리가 천천히
우하향하며 시장의 요구수익률도 계속 떨어져왔습니다. 이렇게 낮아진
요구수익률로 인해 자산가치는 상대적으로 높아졌습니다.

〈표 2-1〉을 보면서 설명하겠습니다. 2003년 10%에 달하던 전월세
전환율이 2016년 5%로 낮아졌을 때 자산의 가치가 1억 2,000만 원에

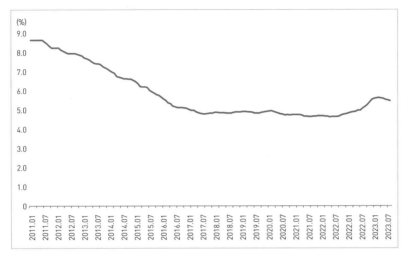

● 그림 2-3 **전월세 전환율의 변화**

자료: 한국부동산원

표 2-1 **전월세 전환율 변화에 따른 매매가격의 변화**

연도	전월세 전환율	월세가격	전세가격	전세가율	매매가격
2003년	10%	50만 원	6,000만 원	50%	1억 2,000만 원
2016년	5%	50만 원	1억 2,000만 원	50%	2억 4,000만 원

서 2억 4,000만 원으로 변했습니다. 월세 50만 원 기준으로 전월세 전환율이 10%일 때 전세가격은 6,000만 원이 되고, 전세가율을 50%로 가정하면 매매가격은 1억 2,000만 원이 됩니다. 또 월세 50만 원 기준으로 전월세 전환율이 5%일 때 전세가격은 1억 2,000만 원이 되며, 전세가율을 50%로 가정하면 매매가격은 2억 4,000만 원이 됩니다. 수익으로 들어오는 월세가 동일하고 전세가율도 50%라면 전월세 전환율이 10%에서 5%로 떨어졌을 때 매매가격은 두 배로 상승한 것입니다.

금리에 가장 영향을 많이 받는 요구수익률의 변화에 따라 자산가치가 평가된 것입니다. 흔히들 돈의 가치가 떨어져서 자산가치가 올라갔다고 표현하는 것처럼 시장의 요구수익률의 변화, 즉 금리의 변화에 따라 자산가치가 변화되는 것을 알 수 있습니다.

주의할 점은, 여기서 자산가치의 변화란 가격의 변동성과는 다른 의미라는 것입니다. 자산가치의 변화를 체감하지 못했던 것은 가격의 변동성이 커서 상승과 하락을 반복했기 때문입니다. 만약 또다시 금리가 내려간다면 자산가치의 변화를 기대할 수 있을 것입니다.

금리로 시장을
예측하기 어려운 이유

공간시장과 금융시장, 이 두 개의 시장에는 각각 가장 중요한 것이 있습니다. 공간시장이란 이해하기 어려운 표현이기는 하나 쉽게 이야기하면 한 도시 안의 공간이라는 시장의 환경입니다. 그리고 금융시장이란 자산시장에 영향을 미치는 모든 금융환경이라고 생각하면 됩니다. 공간시장에서 가장 중요한 것은 수요와 공급 환경이 만들어내는 수익입니다. 한편 금융시장에서 가장 중요한 것은 금리에 따라 움직이는 비용입니다. 이 두 개의 시장, 공간시장과 금융시장이 수익과 비용을 통해 매매가격을 움직이게 합니다.

매매가격이 움직이는 두 개의 시장에서 무엇을 중심으로 시장을 보는지가 중요합니다. 시장에는 수많은 변수가 존재하며 또 그 변수는 사라지고 다른 변수가 다시 들어오기를 반복합니다. 이처럼 복잡한 환경 내에서도 시장은 스스로 규칙을 가지고 움직이는 것이 있습니다. 이것을

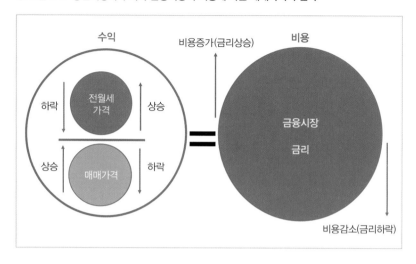

○ 그림 2-4 **공간시장의 수익과 금융시장의 비용에 따른 매매가격의 변화**

찾는 것이 바로 주택시장의 변동성을 예측하는 것입니다.

부동산시장에서는 수익과 비용이 어느 정도 균형이 잡혀 있는 상태입니다. 이것이 요구수익률입니다. 수익이 오르내리거나 비용이 오르내리며 변화가 생기면 시장의 요구수익률을 맞추기 위해서 매매가격이 떨어지거나 상승하는 것입니다.

이처럼 수익과 비용의 균형이 깨지면 이를 맞추기 위해 매매가격이 움직이게 되는데요. 우리 주택시장에서는 보통 전월세가격이 올라서, 즉 비용보다 수익이 상승하여 단기적인 매매가격 변동성을 일으킨 경우가 대부분이었습니다.

다시 말해 공간시장인 수급환경에서 만든 전월세가격 상승으로 매매가격이 움직이는 경우가 대부분이었습니다. 앞에서 이야기했듯이 우리 주택시장에서는 임대료 상승에서 나오는 매매가격 상승이 주가 되었습니다.

결국엔 오르는 집값의 비밀

보통은 전월세가격의 변화가 매매가격의 변동성을 만들었습니다. 즉 수익의 변화가 매매가격의 변동성을 만들었습니다. 반면 금리가 매매가격의 변동성을 만든 시점은 비용이 수익보다 더 빠르게 움직이는 때였습니다. 대표적으로 코로나19 때 금리를 낮춘 시점 그리고 2022년 인플레이션을 잡기 위해 단기간 금리를 올린 시점을 예로 들 수 있습니다. 비용인 금리의 변화가 크게 일어나면서 단기간에 매매가격의 변동폭이 컸던 시기였지요. 대부분의 경우 금리는 천천히 움직이지만 단기간에 금리의 변동성이 커지면 여기에 수익율을 맞추기 위해 매매가격에 변동성이 생깁니다.

특히 저금리 상황에서는 변동성이 더욱 커집니다. 금리가 1%에서 2%가 되면 100%가 오른 것이며, 2%에서 3%로 올리면 50% 상승한 것이고, 3%에서 4%로 올리면 33.3%가 오른 것입니다. 반대로 고금리 상황에서 저금리로 가는 경우 5%에서 4%로 금리가 낮아지면 20%가 하락한 것이고, 4%에서 3%로 낮아지면 33.3%가 내려간 것이며, 1%에서 0.5%로 내리면 100% 내린 것입니다.

더욱 중요한 문제는 짧은 기간에 큰 폭으로 오르내리는 금리환경에서는 매매가격 역시 크게 출렁이게 된다는 점입니다. 반대로 금리의 변동성이 낮고 천천히 변하고 있다면, 대부분의 경우 전세가격은 수요와 공급에 영향을 받게 됩니다. 시장은 이런 식으로 움직이기 때문에 어느 하나에 초점을 맞추고 시장을 예측하는 것일 뿐 정답은 없습니다. 또한 우리가 금리의 변동성이나 속도 그리고 방향을 모두 맞히는 것은 불가능합니다. 그래서 전세가격의 변화에 초점을 맞추어 시장을 전망하는 경우가 대부분입니다.

결국 자산가치의 평가와 변동성 그리고 변화에 가장 중요한 것은 임대료(전월세)입니다. 금리가 자산가치의 변화와 변동성을 만들기는 하지만, 금리의 방향과 속도 등을 모두 예측한다는 것은 불가능합니다. 이러한 이유로 단기 전망은 임대료의 변화에 따른 매매가격의 변동성과 자산가치의 평가를 통해 하는 것이 가장 좋다고 할 수 있습니다.

전세 부족,
집값 상승으로 이어질까

우리가 가장 알고 싶어 하는 것은 아마도 단기적인 가격 변동성일 것입니다. 그리고 단기 변동성이 일어날 때 가장 먼저 움직이는 것이 전세수급입니다. 전세수급은 말 그대로 전세의 수요와 공급인데, 매매수요와 달리 전세수요는 순수한 주거 목적이고 가장 하단에 있는 수요와 공급의 부족을 그대로 보여주기 마련입니다.

전세 부족은 곧 주거 부족이라는 뜻입니다. 전세수급지수의 상승은 시장에 전세 매물이 부족하다는 뜻이며, 이는 전세가격의 상승 가능성을 매우 높입니다. 매매가격 상승의 기초가 되는 전세가격의 상승은 첫 번째로 전세 부족에서 시작되는 것이지요. 전세 부족은 전세수급지수로 나타낼 수 있습니다.

〈그림 2-5〉는 대구 전세수급의 큰 흐름을 보여주는 그래프입니다. 매매가격 상승 시점과 거의 비슷한 시점에 전세수급지수가 상승했고 하락

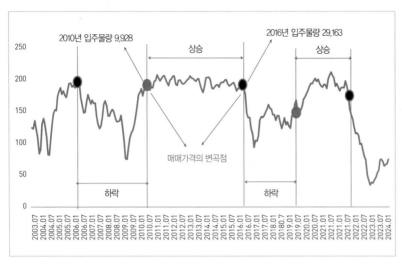

● 그림 2-5 **대구의 전세수급지수 변화**

자료: KB부동산

하는 시점에는 전세수급지수가 낮아졌음을 알 수 있습니다. 즉 전세 공급이 부족할 때 매매가격은 상승환경에 있었으며 매매가격이 하락할 때는 전세 공급이 많았음을 알 수 있습니다.

대구의 입주물량은 2010년에 9,928세대로 크게 떨어지며 전세수급지수가 크게 오르게 됩니다. 2016년에는 2만 9,163세대 입주를 앞두고 전세 공급이 크게 증가하며 매매가격이 하락했습니다.

이처럼 수요의 가장 하단에 있는 전세수요까지 흡수할 수 있는 신규 공급량으로 인해 매매가격이 하락하게 되고 전세수요를 흡수하지 못할 정도로 공급 부족일 때 매매가격이 상승하는 것을 알 수 있습니다.

2024년 들어 전세가격 상승과 매매가격 상승에 대한 이야기가 수도권을 중심으로 지속적으로 나오고 있습니다. 그러면 최근 수도권의 전

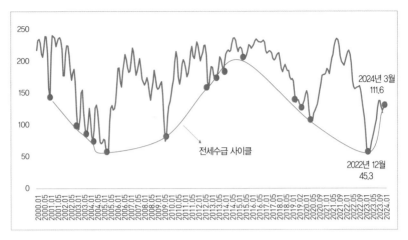

● 그림 2-6 **수도권의 전세수급 사이클**

자료: KB부동산

세수급 흐름은 어떻게 되고 있을까요.

〈그림 2-6〉은 2000년부터 2024년까지 수도권의 전세수급지수를 나타낸 그래프입니다. 단기 변동성은 있지만 전세수급지수가 가장 낮은 지점들을 연결해 보면 하나의 큰 사이클로 상승과 하락을 반복하는 것을 볼 수 있습니다. 즉 수요가 생겼다가 공급과 함께 긴 시간에 걸쳐 사라지고, 다시 수요가 생기기를 반복하는 것을 알 수 있습니다.

최근 언론에서는 공급 부족과 관련한 기사가 지속적으로 나오고 있으며, 여기에 더해 전세가격 상승으로 인한 매매가격 상승이 지속적으로 일어날 것인지 아니면 일시적인 현상인지에 대해 여러 사람의 의견이 언급되고 있습니다.

다시 〈그림 2-6〉을 보면, 전세수급지수는 2022년 12월 최저점 45.3을 통과하여 빠르게 올라가고 있는 것을 알 수 있습니다. 전세수급 불안으로 인해 전세가격 상승이 이어지면 이는 매매가격이 상승하는 방향으로 흘러가게 됩니다. 수도권뿐 아니라 전국 대부분 도시들이 2023년 1월을 기점으로 전세수급지수가 상승하고 있습니다. 이는 다가올 매매가격의 변동성을 미리 말해주고 있는 것인지도 모릅니다. 가격은 결국 수요와 공급이라는 가장 기본적인 원리에서 움직이기 때문입니다.

　다음 장에서는 수요와 공급의 원리 그리고 지역마다 수요를 어떻게 찾아야 하는지, 또 공급량을 어떻게 분석해야 하는지 살펴보겠습니다.

부동산시장의 변화를 예측할 때는,
단기 전망인지 장기 전망인지에 따라
사용하는 통계 자료가 달라야 합니다.
소득이라는 통계로는 단기 전망을 할 수 없으며,
전월세 전환율 등의 자료는
장기적인 변화를 살피는 데 도움이 됩니다.

3장

움직이는 수요,
어떻게 파악할까

3년 누적 공급량에
주목하라

우리가 주택의 수요를 찾는 이유는 수요의 반대편에 있는 공급, 그 속에서 과다공급과 과소공급을 찾아내기 위해서입니다. 하지만 수요는 공급보다 파악하기가 훨씬 어렵습니다. 수요는 공급보다 불규칙하게 움직이기 때문입니다. 인구의 감소나 증가에 따른 수요의 증감을 찾는 것은 더 어려운 일입니다. 또한 새로운 수요 증가 없는 소득에 의한 수요, 생애주기에 의한 이동수요 등 다양한 성격의 수요가 시장에 영향을 주고 있습니다. 수요는 이처럼 복잡하게 움직이기 때문에 관심 있는 지역의 적정한 수요를 파악한다는 것은 쉽지 않습니다. 하지만 전혀 불가능한 일은 아닙니다.

한 지역의 수요는 그 지역의 신규공급량과 거래량에 가장 가까이 접해 있습니다. 아무리 많은 외부 투자자들이 들어가도 결국은 그 지역 내의 임대수요로 채워져야 되기 때문입니다. 그리고 새로운 수요가 늘어

결국엔 오르는 집값의 비밀

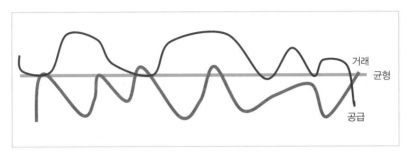

● 그림 3-1 **공급과 거래로 균형을 찾아가는 과정**

나는 만큼 새로운 공급이 들어오며 균형을 찾아가게 됩니다.

신규공급과 신규수요가 자가 주거를 찾아가는 과정은 오랜 시간이 필요하며, 균형을 찾는 과정이 반복되는 것이 주택시장입니다. 즉 신규공급이 없으면 재고주택의 거래량이 늘어나고, 신규공급이 늘어나면 재고주택의 거래가 줄어들게 됩니다. 이처럼 주거용 부동산의 시장은 신규공급과 거래를 통해서 균형을 잡으려는 특성이 있습니다. 그리고 이러한 균형을 잡아가는 과정에서 과다공급과 과소공급이 반복적으로 나타나게 됩니다.

우리는 이 균형점을 찾아야 하는데요. 그러려면 30년이라는 긴 시간 동안의 평균 공급량을 살펴봐야 합니다. 평균 공급량이란 수요와 공급의 균형의 결과라고 할 수 있기 때문이며, 부동산의 가격 변동성 사이클이 과거에 여러 번 나왔기 때문입니다. 이런 사이클이 나왔다는 것은 여러 번의 균형점을 찾았다는 것과 같은 의미입니다. 특히 지방의 경우 짧은 사이클이 여러 번 나왔으며 그 결과값에 중요한 의미가 있습니다.

그러면 경상북도 포항시의 30년간 평균 공급량(입주물량)에 대해 알아볼까요. 평균 공급량과 매매가격이 상승했던 시점들을 통해서 간접적으로 수요를 판단할 수 있습니다.

〈그림 3-2〉를 보면서 30년 평균 공급량(수요와 공급의 균형)과 매매가격이 어느 정도 상관관계가 있는지 확인해 보겠습니다. 〈그림 3-2〉에는 나와 있지 않지만 1990년부터 2025년까지 35년간 포항시의 평균 공급량은 1년에 약 3,100세대입니다. 따라서 수요와 공급의 균형점을 3,100세대 정도로 예상해 볼 수 있습니다. 그해의 입주물량만으로 수요 대비 공급량을 분석한다면 매매가격 상승률과 2010년, 2015~2017년 그리고 2019년이 맞지 않게 됩니다.

당해 연도로만 분석하면 공급량이 많았다 적었다 하면서 분석이 매우 어려워집니다. 하지만 기간을 조금 늘려서 3년 누적 공급량(입주물량)을 보면 조금 더 쉽게 분석할 수 있습니다. 3년간의 수요가 축적되어 움직이는 공급시장이기 때문입니다. 그래서 3년 누적 공급량으로 수급과 매매가격의 상관관계를 어느 정도 정확하게 파악할 수 있습니다. 특히 지방의 시장은 예측이 맞을 확률이 좀 더 높아집니다. 포항시의 3년 누적 공급량과 매매가격 상승률을 함께 나타낸 그래프를 볼까요.

2004~2006년, 2009~2015년, 2020년과 2021년의 상승 그리고 2007~2008년, 2016~2018년, 2022~2023년의 주택가격 하락을 공급만으로도 충분히 설명할 수 있을 만큼 잘 드러나는 것이 3년 누적 공급량입니다. 물론 여기에는 외부 변수 때문에 실제와 맞지 않는 시기도 있습니다. 하지만 지방의 경우 많은 도시들이 수급환경으로 인해 매매가격의 변화가 일어나는 것을 확인할 수 있습니다.

　　　　　　　　　　　　　　　　결국엔 오르는 집값의 비밀

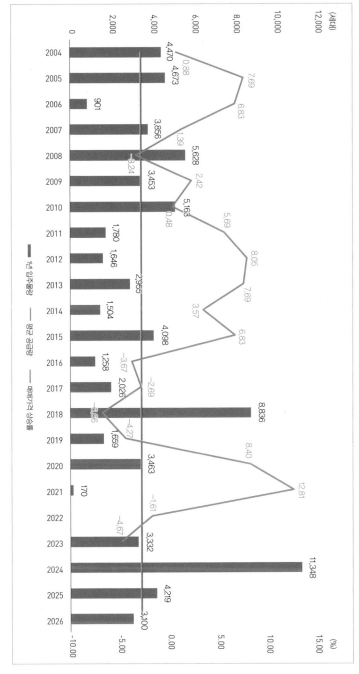

자료: KB부동산

● 그림 3-3 포항시 3년 누적 공급량과 매매가격의 관계

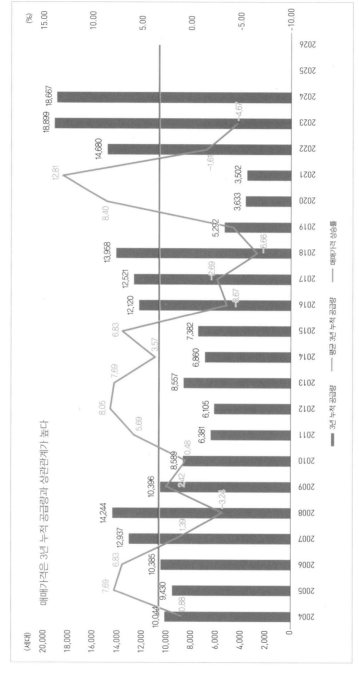

매매가격은 3년 누적 공급량과 상관관계가 높다

凡례: 3년 누적 공급량 ── 평균 3년 누적 공급량 ── 매매가격 상승률

자료: KB부동산

결국엔 오르는 집값의 비밀

30년간의 평균 공급량을 수요와 공급의 균형점이라고 보고 3년 누적 공급량(입주물량)을 살펴보면 공급과 매매가격과의 상관관계는 매우 높게 나오는 것을 볼 수 있습니다. 다시 말해 현재의 수요는 곧 긴 시간에 걸쳐 수요와 공급이 균형점을 찾은 부분, 즉 평균 공급량과 같을 가능성이 매우 높다는 것을 알 수 있습니다.

인구수는 같은데
공급량은 왜 다를까

주택의 수요를 파악하기 어려운 이유는 지역의 특성이나 사회적인 현상, 환경적인 요인에 따라서도 수요가 변화하기 때문입니다. 수요에 영향을 주는 여러 가지 요인들로 인해서 시장에는 우리가 생각하는 것보다 많은 수요가 존재합니다.

그렇다면 어떤 수요가 있을까요. 첫 번째, 인구의 증가나 가구수 증가에 따른 수요입니다. 새로운 인구와 가구의 증가에 맞게 새로운 주거 공간이 공급되어야 하는데요. 이처럼 늘어나는 인구수나 가구수를 계산하여 수요를 파악하는 것은 가장 단순한 방법입니다.

그런데 입주물량 통계를 확인해 보면 늘어나는 가구수보다 훨씬 많은 물량이 공급되고 있는 것을 알 수 있습니다. 이때 신규로 들어오는 수요는 대부분이 전월세 수요일 가능성이 큽니다. 이 수요는 시장에서 매수를 하기 전까지 머물러 있는 시간이 필요합니다. 또 그때까지 거주할 수 있는 물량이 공급되어야 합니다. 그래서 시장에 머물러 있는 동안까지 공급을 더 해주어야 하기 때문에 실제로 늘어나는 수요보다 많은 공급이 되어 있습니다.

두 번째, 시장의 구조에 의한 수요가 있습니다. 신규 아파트가 분양을 하고 입주를 하기까지, 그리고 전세 4년(2년+2년) 동안 시장에 머물러 있느라 늘어나는 수요입니다. 즉 전세나 월세로 거주하다가 주택을 매수할 때까지 발생하는 수요입니다. 이런 이유로 실제 수요보다 더 많은 공급이 필요하게 됩니다.

마지막은 환경에 의한 수요입니다. 각 지역마다 중심에 있는 도시의 경우 그 도시의 기능 때문에 수요가 생겨납니다. 수도권에서는 서울, 지방에서는 광역시가 어떠한 필요에 의해서 끊임없이 수요가 만들어지고 그렇게 만들어진 수요가 들어오게 됩니다. 이러한 이유로 지방의 광역시는 그 지역의 핵심 지역이기 때문에 인구수에 대비해 수요가 조금 더 많으며 거래도 많이 일어나는 것입니다.

관광이 활성화되어 있는 도시나 산업활동이 활발한 곳들이 특히 일시적 수요에 의해서 인구수와 가구수 대비 공급량이 조금 더 필요해집니다. 이외에 인구를 끌어들이는 여러 가지 환경이 있다면 더 많은 공급이 필요하게 됩니다. 이렇게 여러 가지 환경으로 인해 만들어진 수요가 가장 잘 반영되어 나온 것이 거래량입니다.

예를 들어 관광수요가 많은 도시들은 일시적인 임대수요에 의해서 수익률이 올라가고, 올라간 수익률을 보고 투자자가 들어오면서 거래량이 늘어납니다. 이렇게 늘어난 거래량은 신규공급을 불러오게 되어 비슷한

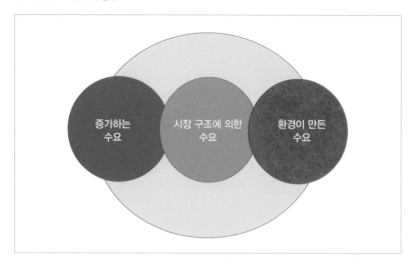

인구수의 도시보다 공급량이 많아지는 것입니다.

인구 20만 명의 작은 두 도시가 있다고 칩시다. 한 도시는 외부의 영향을 덜 받는 곳이고 다른 한 도시는 광역시에 인접해 있다면, 후자가 광역시의 영향을 받아 거래량의 변화가 일어날 것입니다. 이러한 환경까지 그대로 시장에 반영된 것이 거래량입니다. 그렇다면 현재의 시점에서 비슷한 인구수를 가진 세 도시의 거래량을 통해서 환경이 만든 수요에 대해 알아봅시다.

〈표 3-1〉을 보면 강원도 원주시, 경상남도 양산시와 진주시가 35만 명 안팎으로 인구수가 비슷합니다. 2023년 12월 기준으로 각 도시의 인구수는 원주시 36만 1,503명, 양산시 35만 5,122명, 진주시 34만 1,074명입니다. 가구수도 원주시가 15만 9,206세대, 양산시가 14만 5,389세대, 진주시가 15만 980세대로 큰 차이가 없습니다. 그런데 평균 매매 거

도시	인구수 (2023년 12월)	가구수 (2022년)	가구원수 (2022년)	평균 매매 거래량	평균 입주물량 (1990~2023년)
원주	361,503	159,206	2.2명	6,365	3,400
양산	355,122	145,389	2.3명	6,289	3,700
진주	341,074	150,980	2.2명	4,350	2,300

자료: KB부동산

래량을 보면 원주가 6,365건, 양산이 6,289건, 진주가 4,350건입니다. 서로 비슷한 원주와 양산에 비해 현저하게 적은 수치입니다. 이는 오랜 기간 이 도시가 가지고 있는 환경에 의해서 수요가 만들어졌기 때문입니다.

그렇다면 입주물량을 볼까요. 1990년부터 2023년까지 평균 입주물량은 원주시가 3,400세대, 양산시가 3,700세대, 진주시가 2,300세대로 역시 진주시가 가장 공급이 적었습니다. 진주시의 적은 매매 거래량에 맞추어서 공급량도 적어진 것이라고 볼 수 있습니다.

그런데 양산은 원주보다 매매 거래량이 조금 적은데도 공급물량은 원주보다 더 많습니다. 그 이유는 양산이 가지고 있는 지리적인 특성 때문이라고 볼 수 있습니다. 부산에 인접해 있기 때문에 부산의 영향을 받고 있는 것이지요. 한편 진주는 서로 엇비슷한 양산과 원주와 달리 두 도시와 큰 차이를 보이고 있습니다. 인구가 정체된 도시와 그렇지 않은 도시의 차이입니다.

〈그림 3-5〉를 보면 진주시는 2006년에 인구가 33만 3,554명에서 2023년에는 34만 1,074명으로 조금 늘었지만 거의 변화가 없습니다.

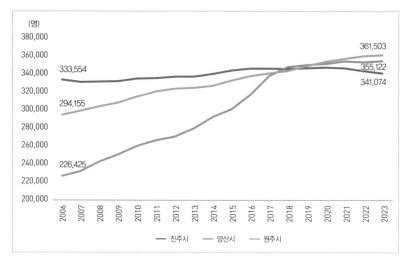

● 그림 3-5 **진주시, 양산시, 원주시의 인구 증가 추이**

자료: KB부동산

반면 양산시는 같은 기간 22만 6,425명에서 35만 5,122명으로 인구가 늘었고 원주시도 29만 4,155명에서 36만 1,503명으로 증가했습니다.

비슷한 인구에서 비슷한 거래량이 나오는 것이 통상적이지만, 지역의 특성이 다르고 오랜 시간에 걸쳐 수요에 영향을 주는 환경이 다르면 거래량에 차이가 생기게 됩니다. 인구증가에 더해 교육, 관광산업과 같은 환경에 의해서 수요들이 이동하며 만든 것이 거래량입니다. 외적·내적 환경이 모두 반영된 지역의 수요가 거래량을 만들고 이러한 거래량에 걸맞게 신규공급이 조절되면서 시장은 스스로 균형을 찾아가게 됩니다.

이것이 앞서 이야기했던, 평균 공급량이 그 지역의 수요일 가능성이 매우 높은 이유입니다.

수요 많은 지역, 어떻게 찾아낼까

우리가 수요가 많거나 적다고 판단하는 기준을 무엇일까요? 수요가 주거를 해결해 가는 방법은 두 가지밖에 없습니다. 하나는 신규주택을 분양받아서 입주를 하는 것이고 다른 하나는 기존에 있는 재고주택을 매수하는 방법입니다.

어떤 지역에 재고주택의 거래량이 많다는 것은 중요한 의미를 가지고 있습니다. 재고주택의 수량이 얼마나 되는지도 중요합니다. 재고주택의 수량은 수요와 공급에 의해서 만들어진 결과물이기 때문입니다. 대전광역시와 광주광역시의 예를 들어볼까요. 광역시 가운데 이 두 곳이 비슷한 인구를 가지고 있습니다. 하지만 광주광역시에 조금 더 많은 수요가 있습니다. 이를 어떻게 알 수 있을까요? 바로 재고주택의 수량과 거래량을 통해서 확인할 수 있습니다.

광주광역시는 전라남도 권역의 핵심 도시입니다. 주위의 작은 도시들

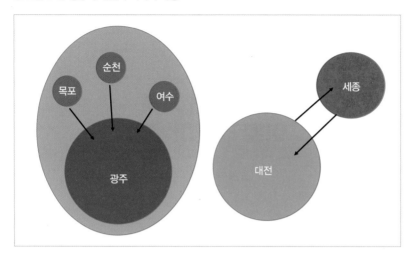

로부터 수요를 끌어오고 인구수와 가구수 대비 거래량이 상대적으로 많으며 재고주택 또한 많은 곳입니다. 한편 대전광역시는 세종시와 서로 수요를 주고받는 관계이며 또 세종시의 공급량으로 인해 재고주택이 가장 적은 도시입니다.

〈표 3-2〉를 보며 대전광역시와 광주광역시를 비교해 봅시다. 인구수는 대전이 144만 2,216명, 광주가 141만 9,237명으로 대전이 더 많습니다. 가구수 역시 대전이 64만 6,473세대, 광주가 62만 3,250세대로 대전이 더 많습니다. 하지만 매매 거래량, 재고주택 수량, 평균 입주물량은 광주가 대전보다 많은 것으로 확인됩니다. 광주의 거래량이 더 많은 것은 전라남도 지역의 거래량이 타 도시의 거래량에 비해 현저히 낮은데 기인합니다. 즉 전남의 다른 지역보다 전남지역의 중심인 광주광역시로 거래가 집중된다는 의미입니다.

표 3-2 **대전과 광주의 인구수와 매매 거래량, 공급물량**

도시	인구수 (2023년 12월)	가구수 (2022년)	평균 매매 거래량	아파트 재고량 (1990년~2023년)	평균 입주물량 (1990~2023년)
대전	1,44만 2,216	64만 6,473	2만 1,016	36만 9,839	1만 1,207
광주	1,41만 9,237	62만 3,250	2만 6,623	42만 5,463	1만 2,892

자료: KB부동산

이처럼 도시의 특성에 따라 인구수 대비 거래량이 많은 곳이 있습니다. 또한 도시의 특성이 반영된 권역 안에서도 인구수 대비 매매 거래량이 달라집니다. 서울의 강남구. 서초구, 송파구를 비교해 볼까요. 인구수 대비 매매 거래 비율은 강남구가 0.9%, 서초구가 0.88%, 송파구가 0.76%로 같은 권역 안에서도 차이를 보입니다. 또한 개별 아파트 역시 세대수 대비 매매 거래 건수와 매매 회전율이 높은 단지들이 있습니다. 이를 통해 수요를 간접적으로 알 수 있습니다.

즉 수요가 많은 곳은 인구수 대비 매매 거래가 많은 지역, 개별 아파트의 경우 세대수 대비 매매 거래 건수와 매매 회전율이 높은 곳입니다.

최대 수요를
찾아라!

한 지역의 수요는 그 지역의 평균 입주물량과 매매 거래량을 통해 알 수 있다고 했습니다. 그렇다면 이러한 평균 입주물량에는 어떤 수요까지 포함되어 있을까요? 우리는 매매 거래량을 통해서 이를 간접적으로 판단해 볼 수 있습니다. 이 거래량에는 지역 내 매매 거래량, 전체 거래량, 지역 내 전체 거래량이 있습니다. 이 중에서 가장 작은 단위의 거래량은 지역 내 매매 거래량이고, 가장 넓은 범위는 전체 거래량입니다.

전체 거래량은 매매는 물론 판결, 증여, 분양권 등 유형별로 거래된 것을 포함한 양입니다. 이러한 전체 거래량 중 지역 내에서 거래된 양이 지역 내 전체 거래량입니다. 그리고 지역 내 매매 거래량은 지역 내에서, 즉 같은 지역에서 이루어진 매매 거래량입니다.

〈그림 3-7〉을 보면 우리나라 아파트의 전체 거래량은 연평균 101만 412건입니다. 지역 내 전체 거래량은 연평균 79만 4,366건입니다. 매

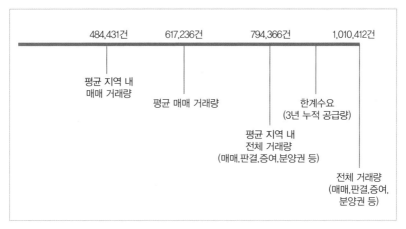

○ 그림 3-7 전국 아파트 평균 거래량

484,431건   617,236건   794,366건   1,010,412건

평균 지역 내
매매 거래량

평균 매매 거래량

한계수요
(3년 누적 공급량)

평균 지역 내
전체 거래량
(매매,판결,증여,분양권 등)

전체 거래량
(매매,판결,증여,
분양권 등)

자료: 한국부동산원

매를 통한 거래는 연평균 61만 7,236건이며 지역 내 매매 거래량은 48
만 4,431건입니다. 보다시피 가장 넓은 범위의 수요와 가장 적은 수요
의 차이가 꽤 큽니다. 이런 차이 때문에 수요의 예측은 꽤 어려운데요.
〈그림 3-8〉을 보면 조금 더 이해하기 편하실 겁니다.

　부산의 지역 내 매매 거래량은 연평균 4만 1,028건, 전체 매매 거래량
은 연평균 4만 7,500건, 지역 내 전체 거래량은 6만 8,592건, 지역 내 전
체 거래량은 7만 9,463건입니다. 그런데 부산은 30년 평균 입주물량이
2만 3,500세대 정도 됩니다. 수요와 공급의 균형점이 2만 3,500세대라
고 할 수 있는 것입니다. 그리고 3년 누적 공급량으로 보면 수요와 공급
의 균형점운 대략 7만 세대입니다. 7만 세대는 수요의 한계점이기도 합
니다.

　7만 세대가 넘는 물량이 3년에 걸쳐 시장에 공급될 때, 수요보다 더

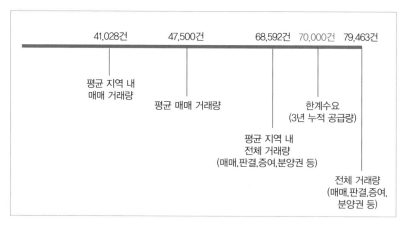

자료: 한국부동산원

큰 공급량으로 인해 시장이 하락으로 전환할 가능성이 커집니다. 그래서 7만 세대를 수요의 한계점이라고 할 수 있습니다. 또한 7만 세대라는 한계수요는 전체 거래량과 지역 내 전체 거래량 사이에 위치해 있습니다. 3년 누적 공급량이 넘는 공급량에서도 하락의 위험이 크지만, 가장 큰 범위의 수요인 전체 거래량을 초과해서 공급이 되면 대부분의 시장은 하락하게 됩니다.

3년에 걸쳐 시장의 공급이 충분하다면
부동산 가격은 대체로 하락하고,
3년에 걸쳐 시장의 공급이 부족하다면
가격은 대체로 상승하는 변곡점을 만들게 됩니다.
이 변화의 타이밍을 이해하는 것이 매우 중요합니다.

4장

공급을 알아도
전망이 쉽지 않은 이유

수도권과 지방의
가장 큰 차이

3장에서는 공급의 반대편에 있는 수요에 대해 살펴보았다면 이번 장에서는 수요의 반대편에 있는 공급에 대해서 조금 더 구체적으로 알아보겠습니다. 수요와 공급이 어떻게 시장의 환경을 만들어가는지에 대한 이야기입니다.

먼저 공급이 시장에 미치는 영향은 수도권과 지방 사이에 차이가 있다는 이야기부터 하겠습니다. 수도권과 지방은 공간의 크기 차이에서 비롯된, 공급이 시장에 영향을 미치는 시간에 차이가 있습니다. 수요 측면에서는 공급 부족을 느끼는 시간의 차이이며, 지역과 지역 간의 거리 차이이기도 합니다. 이러한 공간의 크기 차이 때문에 지방은 3년 누적 공급량을 서울·수도권은 장기 누적 공급량을 살펴봐야 합니다. 누적 공급량에 대해서는 공급 통계와 함께 뒤에서 좀 더 자세히 설명드리겠습니다.

결국엔 오르는 집값의 비밀

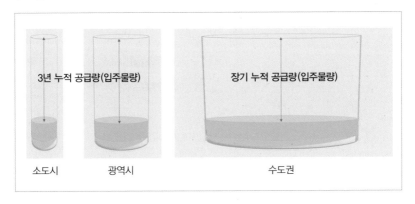

서울·수도권이라는 공간에서는 공급물량이 차오르는 동안은 한 해 두 해 공급량이 늘어나고 줄어드는 것이 큰 의미가 없습니다. 반면 지방이라는 공간에서는 3년 누적 공급량에 의해서 변곡점이 생기는 경우가 많습니다. 이런 이유로 서울·수도권은 긴 상승과 긴 하락이 반복하며 지방의 광역시와 소도시들은 짧은 사이클로 상승과 하락이 반복됩니다.

또한 공간의 차이는 다른 의미도 가지고 있습니다. 큰 공간에서 만들어지는 수익률의 구조와 작은 공간에서 만들어지는 수익률 구조는 다르다는 점입니다. 즉 서울·수도권은 높은 전세가율에서 낮은 전세가율로 혹은 낮은 전세가율에서 높은 전세가율로 큰 변화가 일어나지만, 크기가 작고 미래 성장성이 작은 도시들은 높은 전세가율 안에서 움직이게 됩니다. 이처럼 전세가율은 도시의 성장성과 깊은 연관성이 있습니다. 그러나 공급에 의해서 움직이는 전세가율은 저점과 고점의 폭이 수도권은 크게 나오며, 지방 도시들은 작은 폭으로 움직입니다.

〈그림 4-2〉에서 지난 수십년 동안의 전세가율 변화를 살펴봅시다. 부

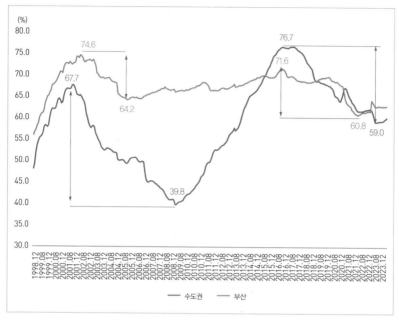

자료: KB부동산

산은 2002년 전세가율 74.6으로 최고점을 찍었다가 2005년 8월 64.2 까지 내려왔는데 그 폭은 10.4입니다. 최근 사이클을 보면, 2016년 전세가율은 71.6이었다가 2021년 60.8로 하락하여 고점과 저점의 폭은 10.8입니다.

반면 수도권은 2001년 67.7까지 올랐던 전세가율이 2009년 39.8까지 떨어졌고, 고점과 저점의 폭은 27.9에 달합니다. 최근 사이클을 보면 2017년 76.7까지 올랐던 전세가율이 2023년 59.0까지 떨어졌고 그 폭은 17.7입니다.

이처럼 전세가율의 고점과 저점 간의 폭에서 수도권과 부산이 차이가

나는 것은 공간의 크기에서 오며, 공급이 채워지는 시간이 다르기 때문입니다. 수도권의 경우는 긴 시간의 공급부족이 전세가율의 상승을 불러오고, 이는 주거부족과 투자환경(수익률이 좋아지는 환경, 갭이 적은 시기, 전세가율 상승)을 만들어 매매가격의 상승으로 이어집니다.

공간의 크기 차이는 공급이 시장에 미치는 시간의 차이를 만듭니다. 그래서 공간이 큰 수도권에서는 긴 상승과 긴 하락의 사이클이 만들어지고, 공간이 작은 지방에서는 짧은 상승과 짧은 하락의 사이클이 만들어지는 것입니다.

또한 지방은 전세가율이 높기 때문에 공급은 빠른 투자환경을 조성합니다. 반면 낮은 전세가율에서 시작하는 서울·수도권은 투자환경이 만들어지고 공급 부족이 해소되는 시간이 오래 필요합니다.

결론적으로 공간의 크기 차이는 수요 측면에서는 공급의 부족과 과잉을 느끼는 시간의 차이이며, 수익률의 측면에서는 공급이 채워지는 시간의 차이에서 비롯되는 상승과 하락의 환경을 만드는 차이입니다. 이로 인해 수도권과 지방은 크게 다르며, 공급의 해석도 달라져야 하고 상승과 하락의 시점도 서로 다른 것입니다.

서울·수도권 시장을
해석하는 법

수도권의 주택시장은 공급과 상관관계가 거의 또는 아예 없다고 분석하는 글도 꽤 많습니다. 사실 공급이 모두 똑같은 형태로 매매가격에 영향을 주는 것은 아닙니다. 각각의 도시마다 가지고 있는 환경적 특성이 있고 도시가 가지고 있는 수요의 특성도 있기 때문입니다. 그래서 공급이 시장에 미치는 영향도 각각 달라집니다.

앞에서 본 것처럼 공간의 크기 차이는 공급이 시장에 영향을 미치는 시간의 차이를 만들고, 이 시간의 차이를 가장 잘 보여주는 것이 전세가율이 움직이는 모습입니다. 또 서울·수도권은 가격이 선행하고 공급이 후행하여 다시 시장환경을 만들어가는 전형적인 공급 후행 시장입니다. 매매가격이 선행하기 때문에 가격이 상승하는 시기에 공급이 늘어나고, 하락하는 시기에는 공급이 줄어들기 때문에 공급과 매매가격의 상관관계가 낮게 나오는 것이지요. 이러한 이유는 공급이 시장에 영향을 미치는 시간에 의해서 상승환경 혹은 하락환경을 천천히 만들어가기 때문입니다.

상승환경과 하락환경을 가장 잘 보여주는 통계는 전세가율이 움직이는 모습입니다. 〈그림 4-3〉을 통해 과거의 매매가격과 전세가격의 흐름을 보고, 전세가율이 어떻게 변해갔는지 알아보겠습니다. 수도권의 시장은 가격이 선행하고 후행으로 공급이 따라오는 흐름을 보이고 있습니다. 호수에 물이 차오르듯 공급이 누적되면서 시장의 매매가격과 전세가격에 변화가 생기고, 매매가격과 전세가격이 변화하므로 전세가율 또한 점차 변해갑니다.

〈그림 4-3〉을 보면, 수도권 부동산시장은 침체기를 겪다가 2009년부터 2016년까지 전세가격 상승률이 높아집니다. 매매가격 상승률보다

○ 그림 4-3 **수도권 전세가율로 보는 시장의 방향**

자료: KB부동산

높은 수치입니다. 이 시기에는 공급의 부족으로 인해 전세가격 상승률이 매매가격 상승률율 넘으며 전세가율 역시 계속 오릅니다. 전세가격 상승률의 정점인 2016년 이후부터 2023년까지는 단 한 차례도 전세가격 상승률이 매매가격 상승률은 넘어서지 못하고, 전세가율은 지속적으로 하락합니다.

이러한 전세가격의 흐름이 전세가율의 큰 방향이 되며, 이는 공급의 누적 효과에서 나온 것입니다. 2001년 이후부터 2008년까지도 전세가격 상승률이 매매가격 상승률을 넘지 못하며 지속적으로 전세가율이 떨어지는 것을 확인할 수 있습니다.

전세가율이 떨어진다는 것은 매매가격과 전세가격의 갭이 점차 벌어진다는 뜻입니다. 이로 인해 투자자들의 참여는 줄어들고, 또한 오랜 상승장에서는 실수요자들이 실거주 목적으로 주택을 매수했을 가능성이 높습니다.

이러한 흐름으로 움직이는 서울·수도권에서는 공급이 누적되면서 오랜 시간에 걸쳐 하락환경을 만들어갑니다. 그 환경에 의해 실제로 가격이 하락하고, 하락으로 인해 공급이 줄어들고, 이는 다시 긴 상승환경을 만들어가는 형태로 반복하는 것입니다. 과거 수도권의 입주물량과 전세가율이 어떻게 움직였는지를 보면 조금 더 이해하기 쉬울 것입니다.

〈그림 4-4〉를 보면 2001년의 정점에서 내려온 수도권 전세가율은 2007년을 최저점으로 매매가격과 전세가격의 갭이 벌어지며 시장이 끝나가고 있다는 것을 알 수 있습니다. 2008년에는 금융위기와 함께 침체가 시작되고 2009년 이후 본격적으로 침체의 시기로 들어갑니다. 이 같

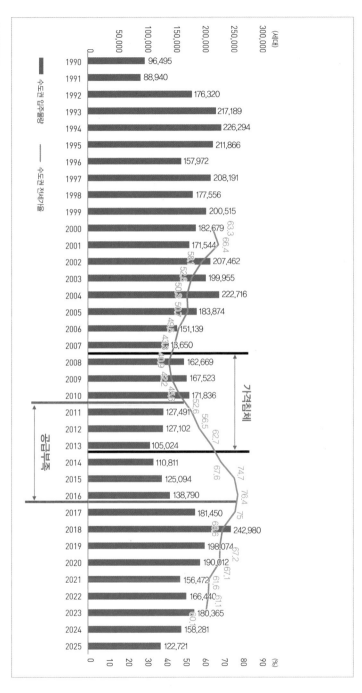

자료: KB부동산

■ 수도권 입주물량   ── 수도권 전세가율

은 침체기에는 분양시장도 얼어붙기에 신규공급량이 감소하게 됩니다. 그 영향은 3~4년 뒤인 2011년부터 시작해서 몇 년간 지속적으로 신규 입주물량이 부족해집니다. 시장의 침체는 2013년 상반기까지 이어지고, 2016년까지 신규공급량이 감소합니다. 그 사이인 2011년부터 전세가율이 급등하는 것을 확인할 수 있습니다.

이처럼 가격하락이 만든 침체시장은 분양시장을 얼어붙게 하면서 공급이 줄어들게 됩니다. 이렇게 줄어든 공급량으로 인해 빠르게 높아진 전세가율은 투자수요와 주거수요를 함께 증가시킵니다. 결국 2008년의 하락으로 시작된 공급 부족분을 계속해서 채워 나갔던 것이 지금까지의 시장입니다. 이렇게 공급량이 채워지면 전세가율이 떨어지고 시장이 다시 안정으로 가는 긴 사이클이 만들어지는 것이 서울·수도권입니다.

그런데 한 해의 자료만 가지고 서울·수도권의 공급과 가격의 관계를 분석하면, 결과가 정반대로 나오게 됩니다. 공급이 적은 시점에 오히려 가격이 하락하고, 공급이 많을 때 상승하는 것으로 보이는 것이지요. 하지만 실제로는 가격의 하락이 공급을 축소시킨 것이고, 가격의 상승이 공급을 증가시킨 것입니다.

이렇듯 통계를 보는 시각에 따라 정반대의 해석이 도출되기도 합니다. 그래서 서울·수도권은 오랜 시간에 걸친 통계를 보고 분석해야 보다 정확한 해석이 가능해집니다.

결국엔 오르는 집값의 비밀

지방은 3년 누적 공급량이
가장 중요하다

서울·수도권과 지방은 도시의 규모가 다르기 때문에 공급이 시장에 영향을 미치는 시간도 다릅니다. 이것이 서울·수도권과 지방의 가장 명확한 차이입니다.

지방 광역시에서 중소도시로 갈수록 도시의 규모는 작아지며 거주하는 인구와 가구의 수도 적어집니다. 작은 공간에서는 공급의 부족 혹은 과잉을 훨씬 빨리 체감하게 됩니다. 이런 이유로 광역시 이하 규모가 작은 도시들은 대부분 3년 누적 공급량에 의해서 가격의 변동성이 일어납니다. 또한 도시가 외부와 연결이 단절되어 독립적일수록 시장은 신규 공급의 영향을 크게 받게 됩니다.

지방의 시장을 분석할 때는 3년 누적 공급량이 가장 중요합니다. 신규주택에 입주하기까지 3년이라는 공백 기간 동안 시장에 머무르게 되는, 늘어난 수요만큼 공급이 되어야 하기 때문입니다. 3년 누적 공급량

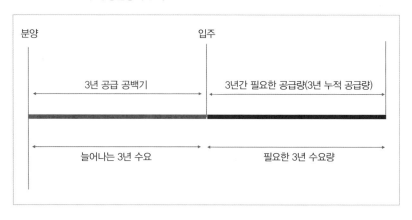

● 그림 4-5 **3년 누적 공급량의 원리**

분양		입주	
3년 공급 공백기		3년간 필요한 공급량(3년 누적 공급량)	
늘어나는 3년 수요		필요한 3년 수요량	

의 원리는 주거 형태가 아파트라는 형태로 자리를 잡은 우리나라만의 독특한 성격에서 나오는 수요와 공급의 논리입니다. 단기간에 공급이 가능한 주거 형태에서는 공급의 공백 기간이 짧기 때문에 3년 동안 수요와 불균형이 일어나지 않기 때문입니다.

3년 누적 공급량만으로도 가격 상승과 하락의 변곡점을 만들어내기도 합니다. 이 점이 가장 잘 드러나는 곳이 대구광역시입니다. 3년 누적 공급량과 매매가격 사이에 상관관계가 높은 곳의 조건은 타 도시와 단절된 도시 구조입니다. 해당 도시 내에서 수요와 공급이 움직이기 때문에 통계와 예측이 가장 잘 맞습니다. 반면 인접한 도시가 많고 잘 연결된 교통망이 있다면, 3년 누적 공급량과 매매가격과의 상관관계가 상대적으로 낮게 나옵니다. 하지만 대부분의 지방 도시들은 둘의 상관관계가 높습니다. 다시 강조하지만 서울 · 수도권에는 적용되지 않는 사항입니다.

결국엔 오르는 집값의 비밀

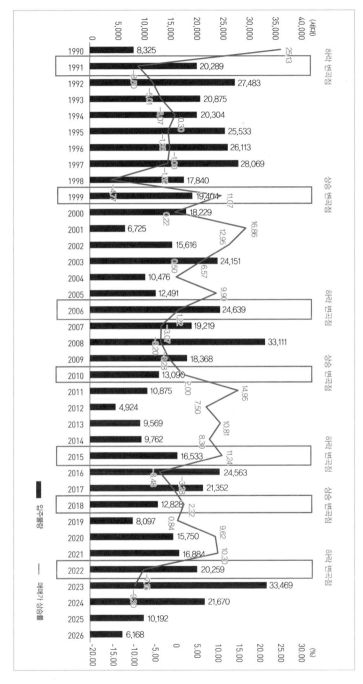

자료: KB부동산

또한 규모가 작은 도시의 경우도 3년 누적 공급량을 통해서 상승과 하락의 변곡점을 확인할 수 있습니다. 물론 모든 도시가 그렇다는 뜻은 아닙니다. 하지만 적어도 한 해의 공급량으로 분석하는 것보다는 훨씬 잘 맞습니다. 여러 도시들을 분석해 본 결과 지방은 3년의 수요와 공급 불균형이 생겼을 때 상승 또는 하락 확률이 가장 높아지는 것을 확인할 수 있었습니다.

그림을 보며 대구광역시의 3년 누적 공급량 그리고 매매가격이 어떻게 움직였는지 확인해 보겠습니다. 시장에는 늘 변수가 있기 마련이지만, 변수에 대한 해석은 생략하고 순수하게 공급으로만 설명하겠습니다.

〈그림 4-6〉을 보면 가격 상승과 하락의 변곡점이 생긴 시점은 3년 누적 공급량에 변화가 일어난 시점입니다. 대구광역시의 평균 공급량과 거래량으로 추정하면 1년에 1만 7,000~1만 7,500세대 정도의 수요가 있는 것으로 보입니다. 이 수요가 3년간 누적되면 5만 1,000~5만 2,500세대 정도가 되겠지요. 이를 기준으로 가격이 어떻게 변했을지 살펴보겠습니다.

1991년의 입주물량은 2만 289세대로 1993년까지 누적물량은 6만 8,647세대입니다. 즉 3년 누적 수요인 5만 2,500세대보다 많은 공급이 이루어집니다. 이로 인해 가격은 하락으로 반전됩니다. 그런데 1998년 외환위기 이후 1999년부터 2001년까지는 누적물량이 4만 4,358세대로 공급이 부족해 매매가격이 상승합니다. 2006년부터 2008년까지는 3년 누적 공급량이 7만 6,969세대로 다시 하락 반전하게 됩니다.

결국엔 오르는 집값의 비밀

2010년부터 공급량이 또다시 감소해 2012년까지 3년 누적 물량은 2만 8,889세대로 가장 적은 물량을 기록하면서 상승 반전하게 됩니다. 이후 2016년부터 2018년까지는 5만 8,743세대로 다시 하락하고, 2018년부터 2020년까지는 3만 6,675세대로 반등하며, 2022년부터 2024년까지는 7만 5,398세대의 입주물량으로 가격이 하락했습니다. 이처럼 과거의 가격 변화를 보면 3년 누적 공급량(입주물량)이 시장의 변곡점으로 가는 가장 중요한 공급환경을 조성하고 있다는 것을 확인할 수 있습니다.

그해의 공급량이 중요한 것이 아닙니다. 3년간 누적된 공급량이 얼마인가가 중요합니다. 서울 · 수도권과 달리 지방은 3년의 공급량만 이해해도 반은 성공한 것입니다.

중소형 도시는
어떻게 해석해야 할까

작은 도시의 가장 큰 위험 요인은 적은 수요입니다. 적은 수요는 외부 변수의 영향을 크게 받거나 외부 투자자들에 의해서 왜곡되기 쉽기 때문입니다. 작은 도시로 갈수록 외부환경의 영향을 많이 받기 때문에 시장 예측이 어렵습니다.

물론 이런 도시에서도 한동안 공급이 되지 않으면 가격 변동성이 일어납니다. 특히 3년 누적 공급량이 가장 큰 힘을 발휘하게 됩니다. 그림을 보면서 인구 34만 정도의 진주시에서 3년 누적 공급량이 어떻게 가격을 변동시켰는지 알아보겠습니다. 진주라는 도시는 외부와 연결되어 있는 구조가 아니라 독립적인 구조로서, 지역 내부에서 수요가 움직일 가능성이 많은 특성도 가지고 있습니다. 이런 이유로 수요와 공급이 잘 맞는 도시 중 하나입니다.

진주시의 수요는 1년에 2,100~2,200세대 정도로 추정됩니다. 3년 누적 공급량으로 보면 수요는 6,300~6,600세대 정도가 됩니다. 대략 6,000세대의 수요가 있다고 보고 분석하시면 됩니다.

〈그림 4-7〉은 1년 단위의 입주물량과 매매가격의 변화를 알 수 있는 그래프입니다. 2007년 입주물량은 1,452세대로, 매매가격 상승이 나올 만큼 적은 공급이지만 오히려 가격이 하락했습니다. 이번에는 〈그림 4-8〉처럼 3년 누적 공급량으로 바꿔서 보겠습니다. 2007년 3년간의 누적 공급량이 6,974세대로 나옵니다. 누적수요인 6,000세대를 넘어선 것입니다. 공급이 적은데도 불구하고 가격이 하락한 것이 아니라, 공급이 많아 하락으로 돌아선 것을 알 수 있습니다.

다시 〈그림 4-7〉을 볼까요. 2013년의 입주물량은 1,143세대밖에 되지 않지만 다음 해인 2014년에는 5,671세대입니다. 하지만 〈그림 4-8〉을 보면 2013년 3년 누적 공급량은 1만 345세대에 달합니다. 이처럼 1년 공급량을 3년 누적 공급량으로 전환해서 보면 공급량과 매매가격의 상관관계가 명확하게 드러납니다.

3년 누적 공급량이 6,974세대인 2007년 그리고 9,309세대인 2012년이 시장이 침체로 들어가는 시점입니다. 반면 3년 누적 공급량이 5,928세대인 2015년 그리고 4,981세대인 2020년에 상승으로 전환됩니다. 시장이 왜 하락하고 상승하는지 그 이유가 더 명확하게 보입니다. 물론 변수는 존재합니다. 하지만 이러한 변수를 제외한다면 3년 누적 공급량은 시장의 상승과 하락 환경을 만드는 강력한 힘을 가지고 있습니다.

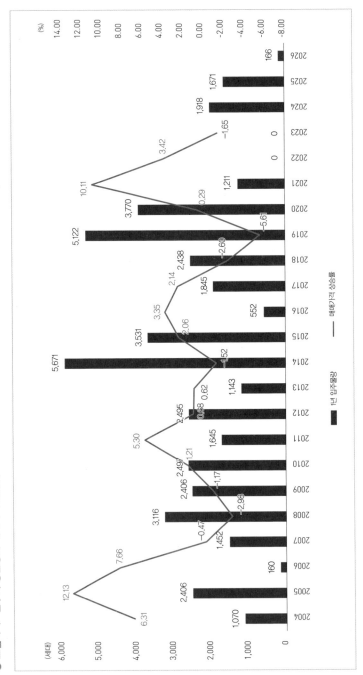

자료: KB부동산

결국엔 오르는 집값의 비밀

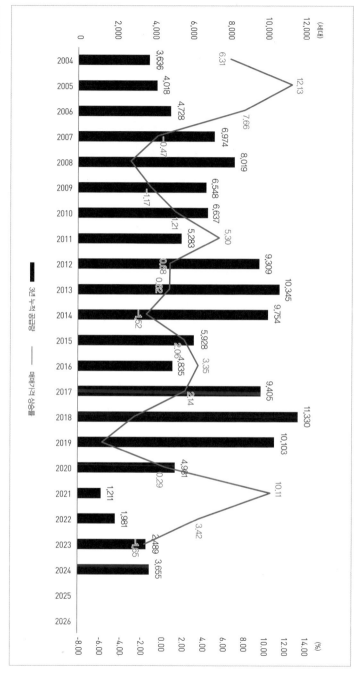

자료: KB부동산

공급이 먼저냐, 가격이 먼저냐

공급이 시장에 영향을 미쳐 가격을 변화시키는 것은 대부분의 지방에서 보이는 특성입니다. 지방에서는 3년간 예정된 물량, 즉 3년 누적 공급량이 가장 큰 영향을 미치지요. 공급이 선행하는 시장입니다. 반면 서울·수도권의 경우는 입주를 한 뒤 공급물량이 계속 재고주택으로 남아서 시장에 영향을 줍니다. 즉 공급이 후행하는 시장입니다. 이러한 특성으로 인해 서울·수도권은 2008년 하락 시점부터 2013년 하락기까지 부족했던 공급량을 현재의 시점에서도 채워 나가고 있는지 파악해야 합니다.

　서울·수도권과 지방 사이의 공급 특성을 가장 잘 보여주는 통계가 서울·수도권은 전세가율, 지방은 전세수급지수입니다. 서울·수도권의 전세가율은 공급이 만든 전세가격의 변화에 의해 높은 전세가율에서 낮은 전세가율로, 혹은 낮은 전세가율에서 높은 전세가율로 이동하며 공급이 누적된 모습을 보이게 됩니다. 반면 지방의 경우는 다가오

　　　　　　　　　　　　　　　　결국엔 오르는 집값의 비밀

는 현재 입주물량과 다가오는 3년 입주물량에 의해서 시장의 변화가 생겨나는 것이 대부분이며, 이때 전세수급지수가 가장 크게 움직이게 됩니다.

〈그림 4-9〉에서 보듯이 수도권은 신규공급이 지속적으로 이루어지면서 전세가율은 일관되게 긴 상승과 긴 하락을 하는 것을 볼 수 있습니다. 2002년을 정점으로 전세가율이 지속적으로 낮아지다가 상승으로 전환하는 가운데 점차 하락의 환경을 만들어가는 것입니다. 2009년부터는 가격이 하락하지만 전세가율이 상승하면서 이번에는 점차 상승의 환경을 만들어갑니다. 이러한 환경을 만들어가는 과정 속에서 입주물량이 늘었다 줄었다 반복하는 것입니다. 2017년부터는 전세가율이 고점을 찍고 지속적으로 다시 하락하고 있습니다. 매매가격은 상승하지만 시장 내부에서는 점차 하락환경을 만들어가고 있는 것입니다.

서울·수도권은 입주한 물량이 후행해서 이러한 환경을 지속적으로 만들어가는 반면, 지방은 다가오는 3년 누적 공급량에 바로 영향을 받으며 다가오는 3년 누적 공급량에 가장 먼저 반응하는 것이 전세의 수급환경입니다.

〈그림 4-10〉은 부산의 연도별 1월 전세수급지수와 매매가격 상승률입니다. 입주물량이 많아지는 시작점에서 전세수급지수가 떨어지며 매매가격이 하락하게 됩니다. 2004년도에 전세수급지수가 95.8까지 떨어지면서 매매가격이 하락하는데요. 3년 누적량이 많아지는 시점이었기 때문입니다. 그리고 2009년부터 전세수급지수가 가파르게 오르는 시기는 3년 누적량이 적은 시점이었습니다.

◎ 그림 4-9 수도권의 공급량과 전세가율 변화에 따른 시장환경

시장환경은 공급량에 후행하여 만들어진다

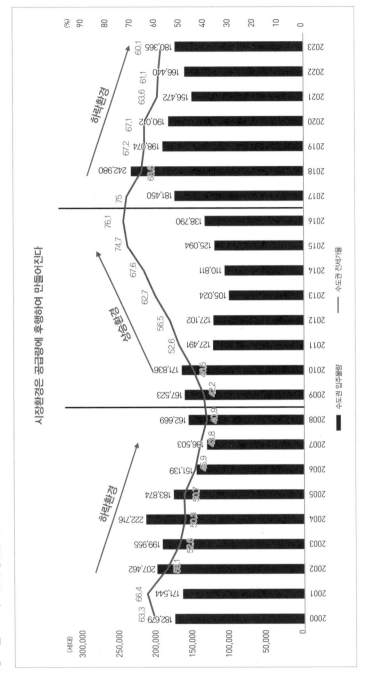

수도권 전세가율

수도권 입주물량

상승환경

하락환경

하락환경

상승환경

자료: KB부동산

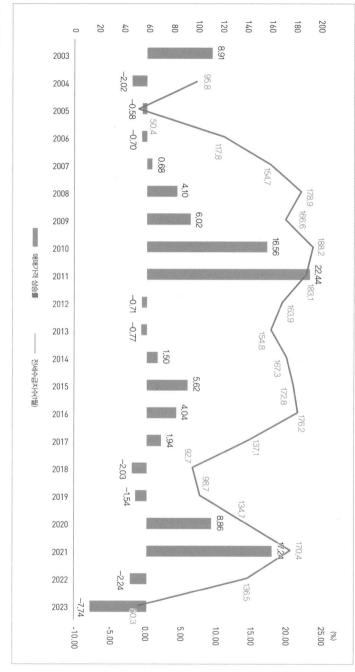

○ 그림 4-10 부산의 전세수급지수와 매매가격 상승률

자료: KB부동산

부산의 3년 누적 공급량 분석은 지역별 주택시장 분석(10장)에서 좀 더 자세하게 설명하겠습니다.

2012년과 2013년에도 전세수급 영향으로 매매가격에 약한 하락이 오게 되며 2018년과 2019년의 경우에도 전세수급지수가 크게 떨어지며 매매가격을 하락시키게 됩니다. 이렇게 지방의 경우는 현재의 시점에서 3년 누적 공급량이 연결되어 나오는 시간까지의 영향으로 공급이 선행해서 시장에 영향을 주게 됩니다.

〈그림 4-10〉을 보면 전세수급지수가 높은 환경에서는 매매가격 상승률도 높게 나오며, 전세수급지수가 낮아지는 환경에서는 매매가격도 약세를 보이고 있습니다. 즉 지방은 3년 누적 공급량이 선행해서 시장에 영향을 미치고, 서울·수도권은 입주가 된 이후에 지속적으로 재고주택이 누적되어 시장환경을 만든 다음 상승 혹은 하락하게 되는 것입니다. 이런 이유로 지방은 공급이 선행하는 시장, 서울·수도권은 공급이 후행하는 시장이라고 합니다.

결국엔 오르는 집값의 비밀

부동산 사이클, 공급이 만든다

부동산시장은 가격이 하락하면 공급이 줄어들고, 줄어든 공급으로 인해 가격이 상승하며, 상승한 가격이 다시 공급을 불러오고, 이렇게 늘어난 공급 때문에 가격이 하락하기를 반복하는 사이클을 가지고 있습니다.

이 과정에서 수요와 공급이 균형을 찾아가게 되는 것인데요. 실제 현장에서는 균형을 찾은 것이 아니라 균형이 깨지는 과정을 반복적으로 겪게 됩니다. 움직이는 수요도 일정하지 않고 공급량도 일정치 않기 때문입니다.

〈그림 4-11〉은 1987년부터 2023년까지 대구의 부동산시장이 공급을 통해서 어떻게 사이클이 완성되었는지 보여주는 그래프입니다. 1987~1990년 연평균 입주물량은 7,486세대로, 대구시의 수요인 1만 7,000세대에 크게 못 미칩니다. 부족한 공급량으로 인해 매매가격이 115.4%나 급등한 것을 볼 수 있습니다. 1991~1998년은 연평균 2

4장 _ 공급을 알아도 전망이 쉽지 않은 이유

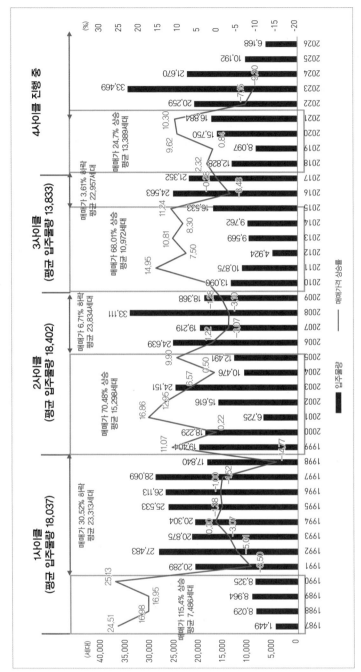

○ 그림 4-11 대구 입주물량과 상승-하락 사이클

결국엔 오르는 집값의 비밀

자료: KB부동산

만 3,313세대로 수요보다 공급이 많아 매매가격이 30.52% 하락합니다. 1999~2005년은 연평균 1만 5,298세대로 수요보다 적고, 그러자 70.48%의 매매가격 상승이 일어납니다.

2006년부터는 과다공급이 시작되는데요. 2006~2009년은 연평균 2만 3,834세대로 가격은 또다시 6.71% 하락합니다. 금융위기의 영향으로 2010~2015년은 연평균 1만 972세대 공급, 가격은 68% 상승했습니다. 2016~2017년은 연평균 2만 2,957세대로 잠시 공급이 증가해서 가격은 3.61% 하락하게 됩니다.

이후 2018~2021년에 다시 공급이 감소하여 24.7% 상승하지만, 2022년부터 증가한 공급량은 2024년까지 좋지 않은 영향을 주고 있습니다.

단, 다른 변수는 전혀 고려하지 않고 공급량만으로 분석했을 때 이 같은 결과가 나온 것입니다. 외부 변수에 의해 가격 상승이 한 해 밀려 일어나는 경우도 있습니다. 이런 외부 변수를 감안하더라도 공급이 만드는 시장의 사이클을 이해한다면 투자 결정을 하는 데 큰 도움이 됩니다.

입주물량과 매도물량, 무엇이 진짜 공급일까

최근 공급에 대한 이슈 가운데 하나는 '신규공급과 매도물량 중 어느 쪽에 더 비중을 두고 시장을 판단해야 하는가'입니다. 또 인허가물량, 착공물량, 분양물량, 입주물량까지 모두 공급으로 설명되기도 하는데요. 저는 현재 시점에 나오는 주거 가능한 공간만을 공급이라고 생각합니다. 인허가물량, 착공물량, 분양물량은 현재 시점에서 주거를 할 수 없기에 당장 시장에 영향을 미치는 공급은 아니라고 보고 있습니다. 매도물량과 신규 입주물량만 공급의 범주에 넣습니다.

그렇다면 신규로 입주하는 물량과 매도하는 물량 중 어느 쪽에 중점을 두고 시장을 판단해야 할까요? 먼저 매도물량은 대부분 누군가가 거주하고 있는 재고주택이며, 신규로 공급되는 물량은 사람이 살고 있지 않은 새로운 주택입니다. 매도물량은 주거지의 이동이나 투자자의 선택에 의해서 나오게 되는데요. 이때는 매도와 함께 반드시 주거수요도 같

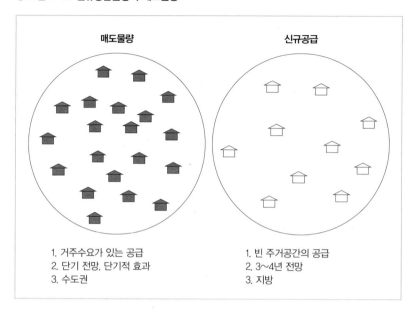

○ 그림 4-12 **신규공급물량과 매도물량**

매도물량

신규공급

1. 거주수요가 있는 공급
2. 단기 전망, 단기적 효과
3. 수도권

1. 빈 주거공간의 공급
2. 3~4년 전망
3. 지방

이 이동하게 됩니다. 이런 이유 때문에 지역 내에서는 전체 주거수요(매매, 전세, 월세)가 늘어나거나 줄어드는 수급의 변화가 없습니다. 단지 전세물량이 매도물량으로 혹은 매도물량이 전세물량으로 형태가 바뀔 뿐입니다. 그렇기 때문에 일시적인 영향을 주는 경우는 있지만 장기적인 시장의 전망이나 판단의 기준이 될 수 없습니다.

예를 들어서 어느 시점까지 매도할 경우 한시적으로 양도소득세를 면제해 준다는 정책이 나오면 이때는 매도물량이 늘어나며 시장 하락에 영향을 주게 됩니다. 그러다 기한이 끝나면 정책 효과로 인해 나오던 물건들이 사라지면서 원래의 시장으로 돌아갑니다.

하지만 신규공급은 다릅니다. 한 번 빈 공간이 공급되면, 그 공간을 비워주고 이동하면서 계속해서 빈 공간을 만들어내게 됩니다. 신규주택의 공급이 시장에 미치는 영향이 훨씬 큰 것입니다. 이러한 신규공급이 지속적으로 연결된다면 시장에는 더욱 영향을 크게 끼칩니다. 그렇기 때문에 공급량과 매매가격의 상관관계를 분석할 때 3년 연속의 입주물량(3년 누적 공급량)이 중요한 것입니다.

이처럼 지방에서는 현재 시점에서 입주물량이 가장 중요하지만 서울·수도권은 이와 다릅니다. 긴 시간에 걸쳐 신규주택이 공급되는 데다가 그 신규주택은 재고주택이 되어 매도물량으로 바뀌어가면서 시장의 상승 혹은 하락 압력을 높여갑니다. 지방의 경우 신규 입주물량은 현시점에서 바로 영향을 주는 것이고, 서울·수도권에서는 신규 입주물량이 점차 매도물량이 되어가면서 영향을 준다고 할 수 있습니다.

매도물량은 주거수요가 있는 공급이라 단기적으로 시장에 영향을 주는 반면, 신규공급은 빈 주거공간을 공급하는 것이기에 조금 더 길게 시장에 영향을 미칩니다. 서울·수도권은 신규 입주물량과 매도물량의 영향을 동시에 받고, 지방에서는 신규공급의 영향이 절대적이라고 할 수 있습니다.

입주물량이 시장에 미치는 영향에 대한 논의 또한 많은 것이 현실입니다. 그렇다면 입주물량은 시장에 어느 정도의 영향을 주는 것일까요?

〈그림 4-13〉과 같이 1990년부터 2022년까지 아파트의 형태로 공급된 재고주택은 총 1,145만 2,602세대이며 연평균 입주물량은 총 34만 7,049세대입니다. 전체 재고주택 대비 신규주택은 3%밖에 되지 않습니다. 전체 주택의 3%에 불과한 물량으로 과연 시장의 변곡점을 만들고 상승과 하락을 일으킬 수 있을까요? 앞에서 살펴보았듯이 3년간 누적되는 공급량이 시장의 환경을 바꾼다는 사실이 통계로도 증명되었습니다. 고작 3%의 영향력으로는 불가능할 것입니다.

하지만 전체 재고주택이 아니라 매매 거래량과 비교해 보면, 입주물량은 큰 영향력을 차지하게 됩니다. 연평균 매매 거래량이 62만 9,320건이고 연평균 입주물량이 34만 7,049건이니 입주물량이 차지하는 비

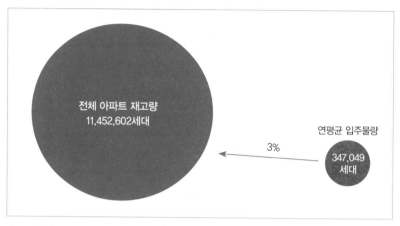

◎ 그림 4-13 **전체 아파트 재고량 vs 연평균 입주물량**

자료: KB부동산

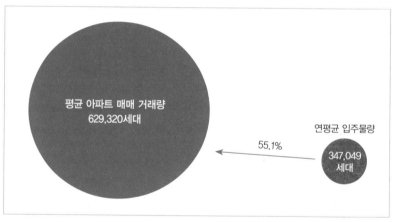

◎ 그림 4-14 **연평균 아파트 거래량 vs 연평균 입주물량**

자료: KB부동산

율이 절반이 넘기 때문입니다. 그 수가 고정되어 있는 재고주택과 비교했을 때는 3%에 불과했지만, 움직이는 거래량과 비교했을 때는 55.1%로 비중이 커졌습니다.

결국엔 오르는 집값의 비밀

예를 들면 재고차량이 많아서 교통체증이 생기는 것이 아니라, 실제 도로에서 움직이는 차량들이 교통체증을 유발합니다. 이처럼 고정되어 움직이지 않는 재고량이 아니라 실제 시장에서 거래되는 건수를 기준으로 입주물량의 영향력을 판단하는 것이 조금 더 현실성이 있습니다. 특히 지방에서 입주물량의 영향이 크게 작용한다는 사실을 보면, 재고주택에 비한 3%가 아니라 움직이는 수요에 비한 55.1%라는 영향력이 더 설득력 있어 보입니다.

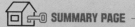
집값 오르는 원리 1

1. 주택시장에서 매매가격을 결정하는 가장 중요한 요인은 전세가격입니다. 전세가격의 변화가 매매가격의 변화를 만들며, 전세가격은 현시점의 자산가치를 평가하는 기준이 됩니다.

2. 전세가격은 수요와 공급에 의해 결정됩니다. 긴 시간을 놓고 보면 결국 수요는 공급량과 거래량 안에 있으며, 이를 기준으로 해당 지역의 수요를 간접적으로 파악할 수 있습니다.

3. 공급은 시장에 큰 영향을 미칩니다. 다만 그 영향이 서울·수도권과 지방이 다릅니다. 그 이유는 도시의 규모(공간의 크기)가 다르기 때문입니다. 크기가 다르기 때문에 공급부족을 체감하는 시점이 다르고 공급과잉을 체감하는 시점도 다른 것입니다. 또한 공급이 시장에 영향을 미치는 차이에서 오는 가격변화를 가장 잘 보여주는 것이 수도권에서는 전세가율이고 지방에서는 전세수급지수입니다.

4. 부동산을 움직이는 두 가지 핵심 요인은 주거부족과 투자수익률입니다. 그리고 이를 가장 잘 보여주는 통계가 전세수급지수와 전세가율입니다.

공급이 시장에 미치는 영향은
서울·수도권과 지방 사이에 차이가 있습니다.
공간의 크기 차이 때문에 지방은 3년 누적 공급량으로,
서울과 수도권은 장기 누적 공급량으로
살펴봐야 합니다.

5장

수도권과 지방의 차이를 알면 투자가 보인다

수도권과 지방의 차이는
수익률과 리스크의 차이

서울·수도권과 지방의 차이점을 좀 더 자세히 알면 시장을 이해하는데 보다 도움이 될 것입니다. 서울·수도권과 지방 광역시 그리고 지방소도시의 가장 큰 차이는 크기의 차이라고 했습니다. 이러한 크기의 차이에 따라 공급이 영향을 미치는 시간이 차이가 나기도 하지만 수익률을 만들어가는 과정에서도 차이가 납니다.

특히 지방 광역시와 지방 소도시는 전세가율이 높기 때문에 투자금이 적게 들어 서울·수도권에 비해 수익률을 높일 수 있는 환경이 더 잘 조성되어 있습니다. 서울·수도권은 평균적으로 전세가율이 낮아 매매가격과의 갭이 크기 때문에 투자금 대비 기대수익률이 낮습니다. 반면 지방으로 갈수록 전세가율이 높아 투자금 대비 높은 수익률을 기대할 수 있습니다. 하지만 수익률이 높다는 뜻은 그만큼 리스크가 크다는 의미이기 때문에 높은 전세가율이 반드시 좋은 것은 아닙니다.

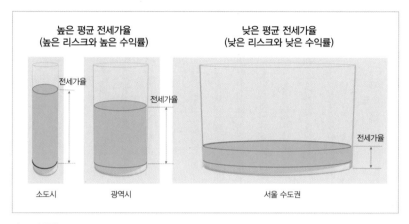

자료: KB부동산

또 요구수익률인 전월세 전환율이 서울·수도권은 낮게 형성되어 있고 지방 광역시와 소도시로 갈수록 높게 형성되어 있습니다.

〈그림 5-1〉은 도시의 크기에 따른 여러 가지 차이점을 보여주고 있습니다. 전세가율의 차이, 리스크와 수익률의 차이 그리고 공급이 영향을 미치기까지의 시간 차이인데요. 여기서 알 수 있는 것은 전세가율이 높은 지방은 전세가율이 움직이는 폭이 작고, 서울·수도권은 전세가율이 움직이는 폭이 크다는 점입니다.

또한 공급이 영향을 미치는 수익률의 시작점이 높은 선에서 움직이는 곳이 지방이고, 낮은 선에서 움직이는 곳이 서울·수도권입니다. 최근 금리 인상 이후 지방의 작은 도시들이 상승을 이어가고 있는 이유는 수익률이 높은 구간에서 움직이기 때문에 금리의 영향에서 먼저 벗어나게 되기 때문입니다.

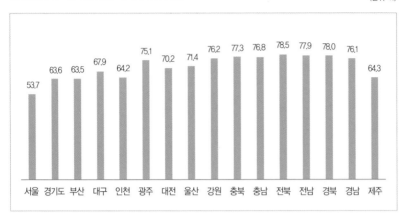

자료: 한국부동산원

〈그림 5-2〉는 2023년 12월까지의 도시별 평균 아파트 전세가율을 나타낸 그래프입니다. 전세가율은 기본적으로 그 도시의 성장성과 리스크 그리고 현재의 공급량으로 형성되어 있습니다. 전세가율은 단기적으로는 공급량에 영향을 받으며 움직이지만 장기적으로 보면 도시의 성장성과 리스크가 반영되어 있는 것입니다. 그래서 서울은 낮은 전세가율을 유지하고 있고, 지방의 도시들은 높은 전세가율이 형성되어 있습니다.

이런 경향은 요구수익률인 전월세 전환율에서도 비슷하게 나타납니다. 수익률과 리스크의 크기에는 도시의 환경이 반영되어 있기 때문입니다. 이러한 이유로 지방 도시일수록 요구수익률인 전월세 전환율이 높고 수도권일수록 낮게 형성되어 있습니다.

〈그림 5-3〉은 2023년 11월 기준 도시별 아파트 전월세 전환율로 현

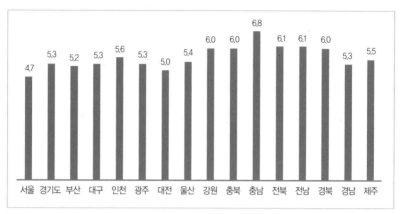

● 그림 5-3 도시별 아파트 전월세 전환율

(단위: %)

자료: 한국부동산원

재의 수익률과 리스크 환경을 그대로 반영하고 있습니다. 서울을 보면 전월세 전환율이 4.7%로 가장 낮고 가장 높은 충청남도는 6.8%입니다. 대체로 현재 시장의 상황을 반영하고 있는데요.

서울·수도권과 광역시 그리고 중소도시가 각각 지니고 있는 성장성과 리스크 그리고 수익률을 그대로 반영하고 있는 것을 확인할 수 있습니다.

이번에는 성장 둔화의 예를 들어보겠습니다. 〈그림 5-4〉를 보면 전라북도와 경상북도의 전세가율이 지속적으로 올라가며 수익률이 상승하고 있습니다. 높은 수익률을 내는 환경은 곧 리스크가 큰 환경으로 들어가면서 매매가격의 성장이 둔화되는 것을 의미합니다.

성장하는 도시에서 그렇지 않은 도시로 갈수록 그리고 큰 도시에서 작은 도시로 갈수록 수익률이 높아지지만 그만큼 리스크도 커집니다.

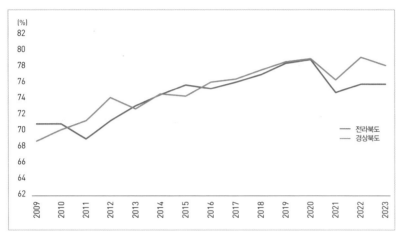

○ 그림 5-4 **전북과 경북의 전세가율**

자료: KB부동산

반대로 큰 도시로 갈수록 수익률이 낮으나 리스크도 작아진다는 점을 알아야 할 것입니다.

결국엔 오르는 집값의 비밀

서울·수도권은 전세가율,
지방은 전세수급지수가 중요

제가 가장 중요하게 보는 것은 서울 · 수도권에서는 전세가율, 지방에서는 전세수급지수입니다. 전세가율과 전세수급지수는 공급의 부족 혹은 과잉을 가장 잘 보여주는 통계이기 때문입니다. 서울 · 수도권의 경우 낮은 전세가율에서 높은 전세가율로 변화하는 것은 긴 시간에 걸쳐 만들어놓은 공급 현상입니다. 그리고 전세가율의 변화는 수익률 환경의 변화로, 투자자들의 유입에 결정적인 역할을 하게 됩니다. 또한 주거부족을 가장 잘 보여주는 것이 전세수급지수의 상승입니다. 이 두 가지 조건이 함께 만나면 주거부족에 의해 실수요자가 움직이고 나아진 투자환경에 의해 투자수요가 움직이며 지속적인 상승이 일어나게 됩니다.

지방의 경우는 이미 높은 전세가율이 형성되어 있기 때문에 좋은 투자환경이 마련되어 있다는 의미도 됩니다. 그래서 전세가격 상승을 통한 높은 전세가율을 다시 만들 필요는 없습니다. 그러므로 공급이 감소

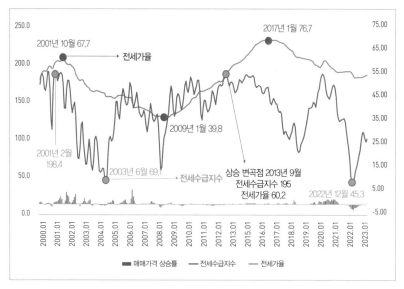

● 그림 5-5 **수도권의 전세가율, 전세수급지수, 매매가격 상승률**

자료: KB부동산

하면 전세물량 부족이라는 한 가지 이유만으로 매매가격 상승이 일어나게 됩니다. 이처럼 지방은 전세수급지수와 전세가율이 동반해서 움직이며 매매가격에 바로 영향을 미칩니다.

〈그림 5-5〉의 전체적인 그래프 모습에서도 보이듯이, 수도권의 전세가율은 1~2년 동안의 단기 변동성은 적고 긴 시간에 걸쳐 크게 움직이는 것을 볼 수 있습니다. 반면 전세수급지수의 경우는 단기적인 변동성도 있으며 긴 시간으로 보면 추세가 동시에 나타납니다. 수도권의 전세가율은 2001년 10월 67.7로 정점을 찍고 2009년 1월에는 39.8까지 낮아집니다. 이 시기 전세수급지수도 등락을 반복하며 2001년 2월 198.4에서 2003년 6월 69.1까지 크게 떨어집니다.

결국엔 오르는 집값의 비밀

전세가율과 전세수급지수가 떨어지는 추세에 있는 가운데에서도 매매가격은 2004년 신용카드 사태 때 잠깐 하락한 것을 제외하고는 2008년 9월까지 상승합니다. 전세수급지수는 2003년 6월을 저점으로 2013년 9월 195까지 올라갔으며 이때부터 하락이 지속되어 2022년 12월에는 45.3까지 떨어지게 됩니다. 또 전세가율은 2009년 1월 39.8로 저점이었다가 2017년 1월 76.7로 정점을 찍고 지속적으로 하락하고 있습니다.

〈그림 5-5〉에서 우리가 알 수 있는 바는 다음과 같습니다. 수도권의 전세수급지수와 전세가율의 긴 흐름은 전세수급지수가 상승한 후 전세가율이 상승하고, 상승한 전세가율에 의해 매매가격이 상승하는 패턴의 반복이라는 점입니다. 다시 말해 공급이 감소하면(전세수급지수가 올라가면) 전세가격 상승으로 전세가율이 높아지고, 이는 투자환경을 조성하여 시장에 변곡점이 생겨나는 것입니다. 그 시점이 2013년 9월로, 전세가율이 60.2가 되고 전세수급지수가 195가 되면서 상승을 시작하게 된 것입니다.

반면 지방의 경우는 좀 다릅니다. 부산광역시를 예로 들어볼까요. 〈그림 5-6〉을 보면 부산의 전세가율과 전세수급지수의 움직임은 수도권과는 조금 다릅니다. 수도권이 긴 시간에 걸쳐 움직였다면 부산은 전세수급에 의한 매매가격의 단기 변동성이 나타납니다. 수도권의 경우는 전세수급지수와 전세가율의 상승과 하락이 같은 방향으로 나타나지 않는 시기도 있지만, 지방의 경우는 대부분 전세수급지수와 전세가율이 비슷한 시점에서 움직이고 같은 방향으로 가고 있습니다. 그래서 매매가격

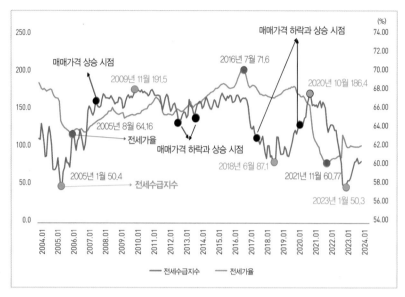

● 그림 5-6 부산의 전세가율과 전세수급지수

자료: KB부동산

의 변곡점이 반복해서 자주 나타나게 됩니다.

〈그림 5-6〉에서 부산의 전세수급지수는 2005년 1월 50.4에서 2009년 11월에는 191.5로 고점까지 가게 됩니다. 이처럼 전세수급지수가 오르면서 매매가격 상승도 같이 나타납니다. 그러다 2018년 6월에 87.1까지 떨어지고 2020년 10월에 186.4까지 올랐다가 2023년 1월 다시 50.3까지 떨어지게 됩니다. 이렇게 단기간의 전세수급지수 변화와 함께 매매가격도 상승과 하락을 여러 번 반복합니다.

반면 전세가율은 2005년 8월에 64.16 최저점에서 2016년 7월에는 71.6 최고점을 기록하고, 다시 2021년 11월에 60.77까지 떨어지게 되는데요. 전세수급지수와 다르게 전세가율은 높은 선에서 움직이고 있

○ 그림 5-7 **강원도의 전세가율과 전세수급지수**

자료: KB부동산

지만 매매가의 변곡점과 상관관계가 낮게 나타납니다. 수도권과 다르게 전세가율이 높은 선에서 움직이기 때문에 수익률보다는 주거부족에 따른 매매가격의 변동성이 반복해서 나타나는 것을 볼 수 있습니다.

또 하나의 예를 들어보겠습니다. 크기가 작은 도시들로 이루어진 도 지역으로 가면 전세가율의 변동성은 더욱 작아지고 전세수급지수의 변 동성에 의해서 매매가격이 변화하는 것이 더 명확하게 확인됩니다. 〈그 림 5-7〉에서 강원도의 전세가율 변화를 보면 2009년 12월에 60.99 최 저점에서 상승 추세를 보여 2020년 12월에는 81.16까지 큰 변동성 없 이 상승하였습니다.

이와 다르게 전세수급지수의 변동성은 매우 커서 2015년 11월 200

을 정점으로 2018년 12월에는 71.7까지 떨어지고 다시 2021년 2월에는 192.9까지 올랐다가 2022년 11월에 110.1까지 떨어졌습니다. 매매 가격은 2018년 2월부터 하락하여 2020년 7월에 반등하게 됩니다. 이처럼 강원도의 경우는 전세가율이 지속적으로 상승하는 가운데 매매가격의 상승과 하락의 변곡점이 나오는 것을 볼 수 있습니다.

이를 종합해 보면, 수도권의 경우 누적되는 공급량에 의해서 긴 시간에 걸쳐 전세가율의 변화를 만들고 그 전세가율의 변화와 전세수급이 만나 일정한 상승환경과 하락환경이 조성되었을 때 변곡점이 발생하는 것을 알 수 있습니다. 지방의 경우에는 도 단위의 작은 도시로 갈수록 높은 전세가율에서 움직이며 그 속에서 공급량에 따라 전세수급이 변하고 그에 따라서 매매가격이 영향을 받는 것을 알 수 있습니다. 그래서 수도권에서는 공급이 만드는 전세가율과 전세수급이 중요하고 지방 중소도시는 공급에 의한 단기 전세수급의 변화가 더 중요하다는 것을 알 수 있습니다.

결국엔 오르는 집값의 비밀

성장하는 도시와
소멸하는 도시의 명확한 차이

지방으로 갈수록 도시 소멸에 대한 이야기가 많이 들려옵니다. 그런데 지방뿐 아니라 수도권 역시 천천히 소멸해 가는 도시가 있고 성장하는 도시가 있기 마련입니다. 여기서 소멸이란 사라진다는 뜻이 아니라 성장하지 못해 도시의 활력이 점차 떨어진다는 뜻입니다.

그렇다면 성장하는 도시와 소멸하는 도시를 우리는 어떻게 알 수 있을까요. 우선 전세가격 상승률을 통해서 알 수 있습니다. 앞에서도 이야기했듯이 전세가격 상승률은 해당 도시 혹은 해당 주택이 생산하는 수익이고 성장입니다. 수익이 높다는 것은 여전히 성장하는 도시라는 뜻이 됩니다. 전세가격의 성장은 인구의 증가, 가구수의 증가 그리고 그 도시가 가지고 있는 성장환경에서 비롯됩니다. 성장환경이란 일자리, 관광, 학군과 같은 요소로서 새로운 수요가 생겨날 수 있는 도시의 경쟁력이기도 합니다. 이러한 요인들에 의해서 전세가격 성장이 이루어지면

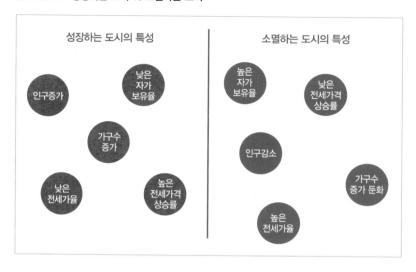

해당 도시의 매매시장도 지속적으로 성장하게 됩니다.

반대로 더 이상 인구의 증가가 없거나 가구수의 증가가 둔화되며 도시가 가지고 있는 경쟁력이 약한 경우 낮은 전세가격 상승률이 지속적으로 이어집니다. 경제활동을 할 수 있는 산업 기반이 약하거나 외부에서 들어와 잠시라도 머물러야 할 이유가 없는 곳은 점차 소멸해 가는 도시가 될 가능성이 큽니다.

이로 인한 전세가격 성장의 차이는 전세가율의 차이로 나타납니다. 앞서 수도권과 부산 그리고 강원도를 비교해서 알아보았듯이, 낮은 전세가율에서 움직이는 것은 성장의 둔화에서 오는 모습이기도 합니다.

성장하는 도시와 소멸하는 도시를 판별할 수 있는 또 한 가지 지표는 자가 보유율입니다. 서울의 강남, 부산의 해운대, 대구의 수성구와 같이 새롭게 땅을 공급할 수 없는 곳은 자가 보유율이 낮습니다. 이런 도시들은 새로운 수요가 들어오면서 임대료 상승을 만들고, 임대료 상승이 높은 수익률과 기대수익으로 작용하여 끊임없이 투자자가 진입하면서 임대물량을 만들기 때문입니다. 이러한 이유로 자가 보유율이 낮습니다. 즉 어떤 필요에 의해 그곳에 임차를 해서라도 꼭 머물러야 하는 수요가 있기 때문입니다. 이렇게 새로운 택지가 없어서 신규공급을 할 수 없는 좋은 지역들은 높은 기대수익률에 의해서 투자자가 신규공급 역할을 대신하고 있는 것입니다. 그래서 자가 보유율이 낮으며 반대로 외부 투자자가 적은 도시는 성장이 잘 안 되는 곳이며 자가 보유율이 높은 경향을 보입니다.

이처럼 자가 보유율이 얼마인가로도 성장하는 도시와 소멸하는 도시를 알 수 있습니다. 또한 앞에서 이야기했듯이 평균 전세가율과 전월세 전환율, 전세가격 상승률을 통해서도 간접적으로 한 도시의 경쟁력을 알 수 있습니다.

또 같은 도시 내에서도 구나 동에 따라 전세가율과 전세가격 상승률이 다르기도 하며, 같은 동네라도 아파트마다 다르기도 합니다. 관심 있는 곳이 전세가율이 낮고 전세가격 상승률이 높은 경우 성장하는 곳입니다. 반대로 전세가격 상승률이 낮고 자가 보유율이 높으며 전세가율과 전월세 전환율이 높은 곳은 상대적으로 성장이 둔화되고 있는 것입니다.

이러한 결과로 시세가 높게 형성되어 있는 지역과 그렇지 못한 지역이 지속적으로 차이가 나게 됩니다. 또 서울·수도권과 지방 사이의 가격 차이가 점점 커지는 현상을 양극화라고 이야기하지만, 그 배경은 기본적인 성장의 차이라고 할 수 있습니다.

지방 소도시,
여전히 기회는 있다

주택시장에서 가격과 관련해 가장 우려하는 부분이 인구감소에 따른 수요감소입니다. 그리고 현재 인구감소가 가장 먼저 시작되어 빠르게 진행되고 있는 곳이 지방 소도시들입니다. 인구감소는 다가올 우리의 현실이지만, 주거용 부동산 시장만 놓고 보면 많은 분들이 걱정하는 것만큼 부정적인 것만은 아닙니다. 지방 중소도시 중에서도 경쟁력을 갖춘 도시들은 여전히 성장하고 있습니다. 산업이나 관광 인프라가 잘 갖춰진 환경이라면 인구감소에 따른 부정적인 측면보다는 긍정적인 측면이 훨씬 더 많을 수 있습니다.

지방의 작은 도시라도 해당 지역의 특별한 환경적 요인으로 인해 인구가 늘어나는 곳도 생기게 됩니다. 또 그 지역에 거주해야만 수요가 되는 것은 아닙니다. 관광수요와 같이 일시적인 수요가 있는 곳도 주택시장에 긍정적인 영향을 줍니다. 주택수요라는 것이 꼭 그 지역에 거주하

결국엔 오르는 집값의 비밀

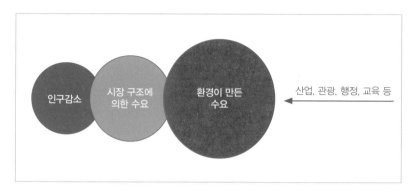

는 인구에만 국한되어 있는 것은 아닙니다. 부동산시장에는 다양한 수요가 존재하고, 필요에 따라 일정 기간 머무르거나 이동해야 하는 거주 수요가 있습니다. 단기임대 시장이 점차 커지는 것은 이러한 수요가 존재하기 때문입니다.

인구감소 문제가 곧 부동산시장의 침체라는 공식은 성립하지 않습니다. 뒷부분에서 예를 들어 살펴보겠지만, 인구가 감소하는 추세에도 공급량의 변화에 따라 상승과 하락이 일어나는 것을 알 수 있습니다. 또한 인구가 증가하지 않아도 소득이 지속적으로 늘어난다면 좋은 품질의 주택에 대한 수요도 증가합니다. 이러한 수요에 맞게 높은 품질의 고급주택과 신축주택이 공급될 수 있습니다.

그래서 지방의 소도시 중에서, 특히 인구가 감소하는 지역에서 반드시 확인해 보아야 할 것이 지역의 경쟁력입니다. 인구만 비교할 것이 아니라 같은 인구라도 새로운 수요를 창출할 수 있는 경쟁력을 갖춘 곳인지를 비교해 보는 것이 좋습니다. 도시의 경쟁력이란 그 지역이 가지고

자료: KOSIS

있는 환경적인 인프라입니다. 경쟁력이 있는 지역은 더 많은 수요가 이동하며 거래를 만들어내게 됩니다.

〈그림 5-10〉의 세 도시(경상북도 상주시, 강원도 속초시와 동해시)는 모두 인구 10만 명이 안 되는 작은 도시로 지속적으로 인구가 감소하고 있는 곳입니다. 이처럼 똑같이 인구가 감소하고 인구수도 비슷하지만, 도시의 경쟁력과 지역의 환경에 따라 수요는 차이가 납니다.

〈표 5-1〉의 통계로 확인해 보면, 세 도시는 비슷한 인구에도 불구하고 매매 거래량과 입주물량이 명확히 차이 나는 것을 알 수 있습니다. 우선 세 도시는 모두 인구가 지속적으로 감소하고 있고, 인구수는 2023년 12월 기준으로 상주시가 9만 3,858명, 동해시가 8만 8,625명, 속초시가 8만 2,054명으로 속초시가 가장 적습니다. 그러나 평균 매매 거래량과 입주물량에서는 큰 차이를 보이는데요. 인구가 가장 적은 속초가

표 5-1 **상주시, 속초시, 동해시의 수요**

항목 도시	인구수 (2023년 12월)	가구수 (2022년)	가구원수 (2022년)	평균 매매 거래량	평균 입주물량 (1990~2023년)
상주	93,858	43,721	2.0	633	306
동해	88,625	39,024	2.2	1,210	623
속초	82,054	37,501	2.1	1,852	841

자료: KOSIS, KB부동산, 아실

가장 많은 매매 거래량과 입주물량을 기록하고 있습니다. 이 같은 통계에서도 확인되듯이 인구가 줄어드는 가운데에서도 도시의 경쟁력에 따라 수요에 차이가 납니다. 그리고 이 세 도시 중에 가장 경쟁력이 있는 도시는 속초일 가능성이 큽니다.

지방 소도시는 인구가 가장 먼저 감소하는 어려운 여건 속에 있지만 경쟁력 있는 도시에서는 많은 거래가 일어나고 있습니다. 이처럼 경쟁력을 갖춘 곳이라면 인구가 감소하는 곳이라도 여전히 기회가 있는 것입니다. 인구수 10만 명 이하에 인구감소라는 이슈가 있는 지방 소도시라고 비관하기보다는, 어떻게 접근해야 하는지 생각하게 만드는 중요한 사례입니다.

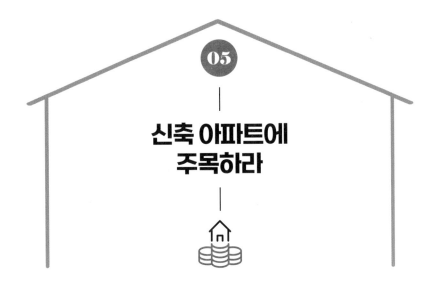

신축 아파트에
주목하라

부동산의 특성 중에 희소성이라는 것이 있습니다. 희소성은 경쟁을 유발하여 높은 가격대를 만들게 되는데요. 주택시장 전체로 보면 아파트의 희소성은 서울이 가장 높고 지방 광역시가 낮습니다. 전체 주택에서 서울의 재고 아파트가 차지하는 비율은 낮은 편에 속합니다. 지방은 대부분의 경우 광역시 중심으로 인구가 집중되며 아파트의 비율이 높지만, 서울은 인구가 집중되어 있는 데 비해서 아파트의 비율이 낮은 편입니다. 서울이 아파트 비율이 낮은 것은 단순히 가격이 높기 때문이라고 단정하기는 힘듭니다.

주택시장에서 단순하게 인구수로만 수요를 예측하고 도시와 도시를 비교하고 판단하면 잘못된 결론을 내리게 됩니다. 한 도시의 통계는 인구수뿐 아니라 그 도시가 가지고 있는 특성이 반영된 결과이기 때문입니다.

결국엔 오르는 집값의 비밀

표 5-2 도시별 누적 아파트 공급량

도시 \ 항목	인구수	아파트수	비율
서울	9,386,034	1,552,256	16.5%
경기	13,630,821	3,052,549	22.4%
부산	3,293,362	771,277	23.4%
대구	2,374,960	579,223	24.4%
인천	2,997,410	682,508	22.8%
광주	1,419,237	403,359	28.4%
대전	1,442,216	344,761	23.9%
울산	1,103,661	260,937	23.6%
세종	386,525	118,105	30.6%
강원도	1,527,807	320,208	21.0%
충북	1,593,469	341,049	21.4%
충남	2,130,119	472,215	22.2%
전북	1,754,757	368,364	21.0%
전남	1,804,217	314,302	17.4%
경북	2,554,324	472,812	18.5%
경남	3,251,158	713,625	21.9%
제주	675,252	61,785	9.1%
전체	51,325,329	10,829,335	21.1%

자료: KOSIS, KB부동산, 아실

지방에서는 인구가 감소하고 수요도 감소하는 만큼 신규공급 또한 감소하고 있습니다. 지방 소도시로 갈수록 주택 중 아파트의 비율도 낮습니다. 수요감소는 결국 공급감소로 연결되며 그렇게 수요와 공급의 균형을 맞추어가는 것입니다.

수요감소에서 중요한 것은 전체 수요의 파이는 작아지지만 그것이 특정 지역이나 상품의 수요감소는 아니라는 점입니다. 그래서 소득이 늘어나는 곳이나 위치에 강점이 있는 곳은 인구가 감소하는 가운데서도 희소성을 가지고 있기에 도시 내 수요의 이동에 의해서 가격이 영향을 받게 됩니다.

〈표 5-2〉는 도시의 인구수와 아파트의 수를 조사한 것인데요. 인구수 대비 아파트의 비율이 가장 낮은 곳은 제주도입니다. 그리고 다음은 서울입니다. 서울보다 제주도가 아파트 비율이 낮지만 그렇다고 가장 경쟁력이 있는 곳은 아닙니다. 제주도가 다양한 주거 형태를 선호한 결과이고, 서울은 신규공급을 늘릴 수 있는 땅이 부족한 데 기인한 것입니다. 그래서 서울은 연식이 아니라 위치 때문에 아파트라는 점만으로도 경쟁력을 가지게 됩니다.

지방 광역시와 도 단위의 도시들을 비교해 보면, 인구가 더 집중되어 있는 광역시가 아파트의 비율이 더 높습니다. 대규모로 공급되는 아파트 단지일수록 인구가 적은 곳은 리스크가 있기 때문입니다. 전라남도의 경우는 수요가 광주광역시로 집중되어 있어 인구수 대비 아파트 비율이 낮은 편이지만, 광주광역시는 전국의 광역시 중에 인구수 대비 아파트 비율이 가장 높습니다. 경상북도도 대구광역시에 조금 더 집중되어 있어서 대구광역시의 아파트 비율이 다른 광역시보다 살짝 높습니다. 이렇게 도시의 특성에 따라 아파트의 희소성이 다릅니다.

특히 인구가 감소하는 지역에서는 공급량 또한 감소하기 때문에 신축 아파트의 희소성이 높습니다. 신축 아파트에 대한 높은 선호도로 인해 지방에 있는 신도시들은 대부분이 젊은 층으로 채워지고 있습니다. 1980년대 후반에서 1990년대에 태어난 세대가 결혼하여 새롭게 거주하는 곳이 대부분 아파트이기 때문입니다. 이 세대의 많은 이들이 아파

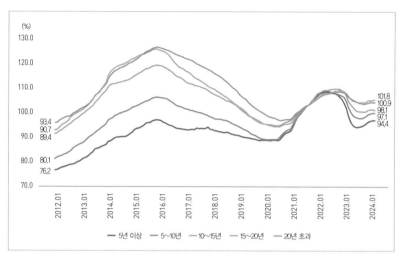

◐ 그림 5-11 **경상북도의 아파트 연식별 매매가격지수 상승률**

자료: 한국부동산원

트에서 태어나서 자랐기 때문에 주거환경과 품질이 좋은 신축 아파트를
더 선호하는 것입니다.

이러한 이유로 새로운 주거수요는 신축 아파트에 조금 더 집중되며,
신축 아파트의 가격 상승률이 기축 아파트보다 높은 특성을 가지고 있
습니다. 특히 인구가 감소하고 새로운 수요 창출이 어려운 곳은 소득 증
가에 따라 높은 품질의 신축 아파트에 대한 선호도가 높으며, 이로 인해
신축 아파트 위주의 상승이 두드러지게 됩니다. 이와 함께 도시의 인프
라가 집중되어 있는 위치에 더 많은 수요가 모이게 됩니다.

〈그림 5-11〉을 보면 신축 아파트의 가격 상승률이 높은 것을 알 수
있습니다. 2012년 1월에서 2024년 1월까지의 매매가격지수 상승률을
보면, 5년 차 이하 아파트에서는 24%가 상승했으며, 5년 초과~10년 이

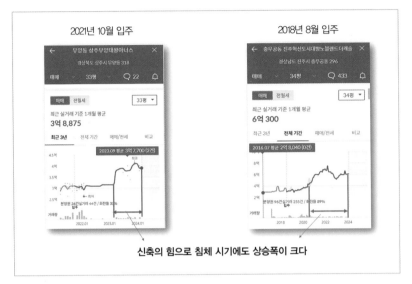

신축의 힘으로 침체 시기에도 상승폭이 크다

자료: 호갱노노

하에서는 21% 상승, 10년 초과~15년 이하에서는 9.7% 상승, 15년 초과~20년 이하는 12.3% 상승, 20년 차 이상은 8% 상승했습니다. 즉 새아파트일수록 상승률이 높습니다. 개별 아파트를 보면 더욱 더 명확하게 드러납니다.

〈그림 5-12〉를 보면 신축 아파트의 효과를 알 수 있습니다. 시장환경에 영향을 받아 등락은 있지만 매매가격 상승률이 높은 것을 알 수 있습니다. 시장환경이 좋지 않았던 2022년과 2023년에도 신축 효과로 인한 상승의 힘을 보여주고 있습니다. 또 지방의 대부분 기축 아파트가 전세가율이 높은 데 비해 신축 아파트는 낮은 전세가율을 유지하는데요. 앞으로 매매가격의 성장성이 있음을 잘 보여주고 있습니다.

결국엔 오르는 집값의 비밀

인구가 감소하는 지방의 예에서 보았듯이 주택시장 전체를 부정적으로 볼 필요는 없습니다. 그 속에서도 지역의 특성에 따라서 성장하는 아파트를 선택하면 되는 것입니다. 성장하는 아파트의 중심은 신축 아파트가 될 가능성이 매우 높을 것으로 판단됩니다. 더불어 위치가 좋은 곳이라면 더욱 좋은 평가를 받을 것입니다.

인구가 감소해도
가구수는 증가한다

최근 유례없는 출생률의 저하로 인구감소 문제가 큰 화두가 되고 있습니다. 인구감소 문제는 장기적으로 주택의 수요 문제로 이어지며 주택시장에 부정적인 요소로 인식되고 있습니다.

인구감소는 점차 우리 앞의 현실로 다가올 문제임에는 분명합니다. 하지만 현재 시점에서는 인구감소와 관련 지어 부동산시장을 예측하기가 조심스럽습니다. 그래서 이미 인구감소를 겪고 있는 도시들에서 이 문제가 부동산시장에 어떻게 영향을 주었는지를 살펴보면 다가올 미래를 간접적으로 예상해 볼 수 있다고 생각합니다.

〈표 5-3〉을 봅시다. 충청권까지는 인구감소 속도가 느린 편이고 인구가 늘어나는 곳도 있습니다. 하지만 강원도, 전라북도, 전라남도, 경상북도는 2000년 초와 비교해 2022년에 모두 인구가 줄어들었습니다. 반면 주택수요에 바로 영향을 주는 가구수는 여전히 증가하고 있습니다. 인

결국엔 오르는 집값의 비밀

표 5-3 인구수 증감과 가구수 증감

항목 도시	2000년 인구수	2022년 인구수	인구 증감	인구수 증감률	2000년 가구수	2022년 가구수	가구수 증감	가구수 증감률
충청북도	1,497,513	1,595,058	97,545	7%	461,463	704,864	243,401	53%
충청남도	1,921,604	2,123,037	201,433	10%	589,139	931,370	342,231	58%
강원도	1,556,688	1,527,807	−28,881	−2%	487,397	684,895	197,498	41%
전라북도	1,999,255	1,769,607	−229,648	−11%	609,943	777,678	167,735	28%
전라남도	2,130,614	1,817,697	−312,917	−15%	664,287	784,641	120,354	18%
경상북도	2,797,178	2,600,492	−196,686	−7%	887,744	1,166,306	278,562	31%
경상남도	3,094,413	3,251,158	156,745	5%	951,372	1,392,608	441,236	46%

자료: KB부동산

구가 증가한 충청북도는 22년 동안 가구수가 53% 증가하였고 충청남도는 58%, 경상남도는 46% 증가하였습니다. 인구가 줄고 있는 강원도, 전라북도, 전라남도, 경상북도에서도 가구수는 각각 41%, 28%, 18%, 31% 증가하였습니다. 지역 간 차이는 있지만 22년 동안 매년 1~2% 정도 늘어난 것입니다.

2000년대부터 인구수가 감소해 온 도시도 여전히 주택이 공급되었으며 이는 가구수 증가에 따른 결과라는 것을 알 수 있습니다. 물론 상대적으로 인구감소 폭이 큰 지역일수록 가구수 증가율도 낮아지는 것은 분명해 보입니다.

이번에는 전국의 인구와 가구수에 대해 살펴볼까요. 〈그림 5-13〉에 의하면 전국 인구는 2023년 기준 5,132만 5,329명이지만 2065년의 추계 인구는 3,968만 5,210명으로 22.67% 감소합니다.

또한 추계 가구수는 2040년 2,386만 6,166가구를 정점으로 감소하

⊙ 그림 5-13 전국 인구 추계와 인구 성장률

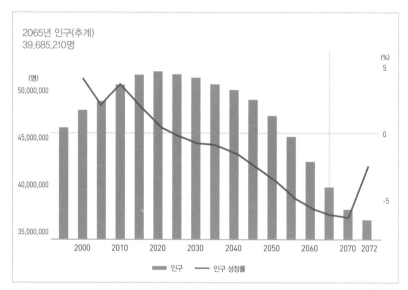

자료: KB부동산, 통계청

⊙ 그림 5-14 전국 장래 가구 추계

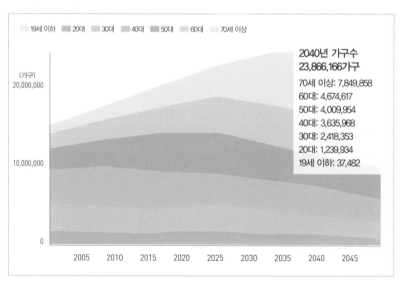

자료: KB부동산, 통계청

결국엔 오르는 집값의 비밀

기 시작합니다. 즉 2022년 2,177만 3,507가구에서 2040년까지는 9.6%
증가하게 됩니다. 인구가 24% 줄어드는 동안 가구수는 9.6% 증가하는
것입니다. 그렇다면 이와 비슷한 도시의 예를 통해서 주택가격의 변화
가 어떻게 이루어져왔는지 살펴보겠습니다.

〈그림 5-15〉를 보면 경상북도 상주시는 2000년부터 2022년까지 22
년 동안 인구는 24% 감소하였고 가구수는 6.5% 증가하였습니다. 이처
럼 인구가 감소해 온 상주 같은 작은 도시의 주택시장은 지속적으로 하
락만 했을까요? 아닙니다. 22년 동안 인구가 감소하는 환경에서도 상승
과 하락이 반복되었습니다. 2024년 1월 기준 현재 전국의 부동산시장이
어려운 가운데에서도 상주는 상승하고 있는 도시 중 한 곳입니다.

〈그림 5-16〉은 2013년부터 2023년까지 상주시의 입주물량과 매매

○ 그림 5-15 **상주시의 인구수와 가구수 증감**

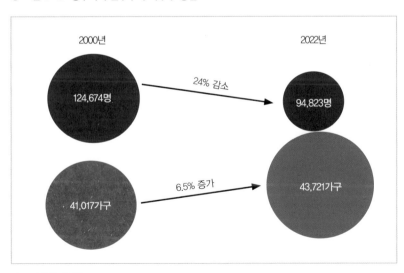

자료: KB부동산, 통계청

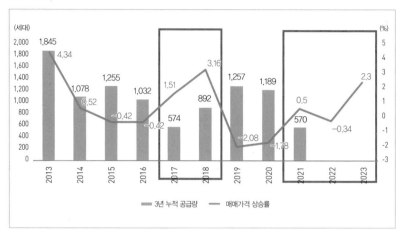

○ 그림 5-16 **상주시의 3년 누적 공급량과 매매가격 상승률**

자료: KB부동산, 한국부동산원

가격 상승률을 나타낸 그래프입니다. 상주시는 연 300세대 정도의 수요가 있는 곳입니다. 따라서 3년 누적 수요는 약 900세대입니다. 입주물량이 900세대 이하인 2017년과 2018년에 가격이 상승하였고 2019년과 2020년에는 각각 1,257세대, 1,189세대가 입주하며 하락합니다. 2021년에는 570세대라는 적은 입주물량으로 인해 다시 상승으로 돌아서게 됩니다. 이후 금리상승기인 2022년에 잠시 주춤했다가 2023~2024년까지 상승을 이어오고 있습니다.

22년 동안 24%의 인구가 감소했으며 다소 적은 6.5%(연 0.3%)의 가구수 증가에 불구하고도 3년 누적 공급량에 의해 매매가격이 상승하고 하락하는 원리가 증명이 된 셈입니다. 상주시의 경우만 살펴봐도 인구감소가 무조건 하락으로 이어진다고 단정지을 수 없습니다. 주택수요는 인구의 증가와 감소 외에도 여러 가지 이유에서 생겨날 수 있기 때문입니다.

부동산 유튜브나 언론에서도 인구감소로 인해 주택시장을 부정적으로 전망하는 경우가 많습니다. 물론 투자의 관점에서는 매매가격 상승률이 낮아 부정적일 수 있지만 주택시장 전반을 볼 때 암울한 전망은 성급한 판단일 수 있습니다. 미래는 누구도 예측하기 힘들지만 너무 부정적으로 보는 것도 너무 긍정적으로 보는 것도 경계해야 할 것입니다.

20년 전부터 이미 인구가 감소하고 가구수 증가가 둔화되어 온 도시들을 참고하여 다가올 주택시장을 조금 더 객관적으로 고찰해 볼 필요가 있다고 생각합니다.

수요감소,
걱정할 이유 없다

최근 부동산 하락기에서 인구감소와 수요감소는 큰 화두가 되고 있지만 그렇게 걱정하지 않아도 되는 이유가 있습니다. 수요감소 자체를 부정하는 것은 아니지만, 수요감소는 곧 부동산시장의 지속적인 침체라는 공식으로 단정하는 것은 섣부르다는 생각입니다. 앞서 상주시의 예에서 보았듯이 수요감소는 반드시 공급감소를 동반합니다. 소비자들이 요구하지 않는 상품을 지속해서 만들어낼 수 없듯이 주거용 부동산도 수요가 감소하면 공급도 따라서 감소하게 됩니다. 시장 스스로가 균형을 맞추는 능력을 가지고 있기 때문입니다.

그 예로 지방에서는 이미 인구감소 현상에 맞추어 공급감소도 함께 진행되고 있으며 상품에서도 같은 현상이 나타나고 있습니다. 지방에서는 새로운 빌라가 거의 공급되지 않고 있습니다. 빌라에 대한 수요가 점차 사라지고 있기 때문입니다. 이처럼 시장은 줄어든 수요만큼 공급을

결국엔 오르는 집값의 비밀

줄이게 되어 있습니다.

그렇다면 아파트는 어떻게 될까요. 이미 공급된 기존 아파트에서 수익이 나지 않는다면 수요자 입장에서는 새로운 공급을 받아들일 이유가 없는 것입니다. 만약 주택가격이 지속적으로 하락한다면 어느 누구도 매수하려 들지 않을 겁니다. 매수자가 없는 공급은 지속될 수 없기에 결국 공급이 감소하게 됩니다. 이처럼 수요 없는 공급은 지속될 수 없습니다. 그래서 일시적인 하락은 일어나도 지속적인 하락은 힘든 것입니다.

20년 동안 인구가 줄고 있는 도시들도 공급량이 줄어들면 소폭의 상승이 일어납니다. 이렇게 줄어든 수요에 맞게 공급이 되며 시장은 다시 균형을 찾아갑니다. 인구가 비슷할 때 수요가 많은 도시는 재고주택도 많고 신규공급도 많은 것은 수요에 맞는 공급량을 시장이 스스로 찾아

● 그림 5-17 **인구증감과 공급증감의 관계**

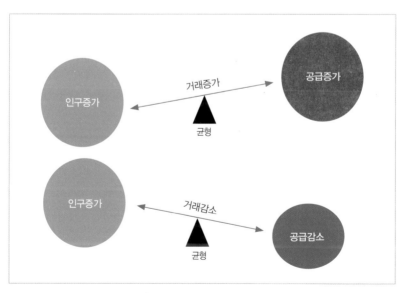

가기 때문입니다.

광주광역시에서의 수요가 대전광역시보다 많은 것은 전남의 수요가 광주광역시를 선택했기 때문입니다. 광주광역시의 재고주택이 대전광역시보다 많은 것은 이 점이 반영된 것이며 결국 광주광역시로 이동한 수요만큼 전남의 수요는 줄어들고 이에 따라 신규공급이 줄어들게 됩니다. 그 결과 인구수 대비 주택수가 가장 적은 곳이 전남지역입니다. 인구수가 비슷하더라도 수요의 차이에 의해 재고주택의 수도 차이가 나는 것입니다.

광주광역시의 예에서 보듯이 중심도시는 인구감소로 인한 장기적인 침체가 발생할 가능성이 매우 낮습니다. 주택에 대한 수요를 인구에 국한하여 판단하는 것은 편협한 생각일 수 있습니다. 소득이 늘어나면 여러 주택을 소유할 수도 있기 때문입니다. 물론 작은 도시나 시골과 도심의 차이는 있겠지만, 인구감소가 우리나라 전체 주택시장의 문제라고는 할 수 없는 이유입니다.

그리고 공급하는 측면에서 분석해 보면, 우리나라 주택시장은 아파트라는 대규모의 주거 형태로 공급이 이루어집니다. 사업의 규모가 큰 만큼 리스크도 커지게 되지요. 만약 하나의 단지만 분양에 실패하거나 미분양이 되어도 시행사나 건설사는 큰 손실을 입습니다. 그래서 수요가 감소하는 지역이나 가격이 하락하는 상황이 되면 공급이 급감하게 되는 것이지요. 결국 수요의 감소보다 공급의 감소가 더 많이 일어납니다.

인구 10만 명 미만인 도시들의 공급 그래프를 보면 몇 년에 한 번씩 분양을 할 정도로 공급이 줄어 있습니다. 이는 아파트라는 대규모 사업에 대한 리스크를 건설사들이 꺼려한 결과입니다. 그래서 앞서 본 상주처럼 공급이 급감하면서 가격이 상승을 했듯이, 수요가 감소해도 더 빠르게 공급이 감소하기 때문에 우리가 생각하는 주택시장의 암담한 미래는 현실화되지 않을 수 있습니다.

금리는 집값에
얼마나 영향을 미칠까

부동산시장을 분석하는 데 필요한 요소는 여러 가지가 있습니다. 금리는 그중 하나일 뿐입니다. 그래서 금리 하나만으로 부동산시장의 상승과 하락을 통계적으로 유의미하게 분석하기는 매우 어렵습니다. 금리의 상승기에도 부동산은 상승하고 금리의 하락기에도 부동산은 하락했던 적이 있습니다. 이처럼 부동산시장에서는 금리라는 하나의 변수만을 가지고 시장을 예측하고 판단할 수가 없습니다.

하지만 장기적인 금리의 변화는 그 자체로도 부동산 자산가치의 변화를 만들어냅니다. 또한 단기적인 금리의 변동성이 크면 수익률에 크게 영향을 미쳐 매매가격의 변동성을 유발하기도 합니다.

〈그림 5-18〉은 우리나라 아파트 매매가격 상승률과 전세가격 상승률을 나타낸 그래프입니다. 전체적으로는 매매가격과 전세가격이 비슷하게 움직이고 있는 것을 볼 수 있습니다. 지금까지 계속 설명했듯이 전세 임

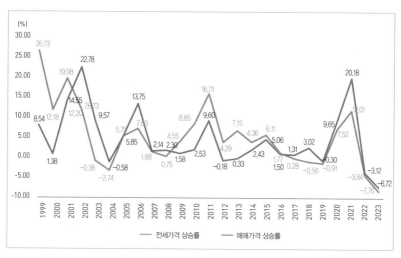

● 그림 5-18 **전국 아파트 매매가격 상승률과 전세가격 상승률**

자료: KB부동산

대료의 상승이 매매가격과 가장 높은 상관관계를 가지고 있는 것입니다.

〈그림 5-19〉는 전국 아파트 매매가격 상승률과 기준금리의 변화를 나타낸 그래프입니다. 금리 상승기인 2004년에 기준금리는 3.25%에서 2006년 4.5%까지 상승하고, 매매가격 상승률은 2005년 5.86%에서 2006년 13.75%로 큰 폭으로 상승했습니다. 2007년 기준금리가 5%일 때는 매매가격 상승률이 2.14%로 낮아졌습니다. 또 2020년에는 기준금리가 0.5%에 불과하다가 2023년에 3.5%까지 상승하고, 매매가격 상승률은 2021년 20.18%, 2022년에는 -3.12%, 2023년은 -6.72%로 큰 폭으로 하락하게 됩니다.

금리라는 하나의 변수만 가지고 해석하면 금리가 상승하는 가운데에서도 매매가격 상승이 나오기도 하며 또 일정한 수준까지 금리가 올라

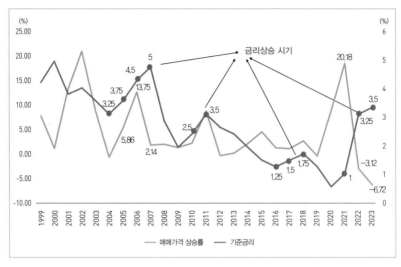

● 그림 5-19 **전국 아파트 매매가격 상승률과 기준금리**

자료: KB부동산

가면 하락하는 시점도 생겨납니다. 이런 이유로 금리를 지속적인 변수로 볼 것인지 아니면 단기 변동성에 영향을 주는 변수로 볼 것인지도 매우 어려운 판단이 될 수 있습니다. 또 금리를 결정하는 과정을 살펴보면 금융위기였던 2008년에는 빠르게 금리를 인하하였고 2022년에는 인플레이션을 잡기 위해서 급속히 금리인상을 단행하였습니다.

부동산시장은 금리의 인하와 인상 후에 움직이기에 후행적인 성격이 강하다고 할 수 있습니다. 지금까지 우리 주택시장에서 매매가격은 대체로 전세가격과 함께 움직이는 모습을 보여왔습니다. 오히려 금리보다 전세가격과 조금 더 상관관계가 높은 것을 알 수 있습니다.

이를 종합해 보면, 공급이 만들어놓은 시장의 수익률 환경이 금리의 인하 또는 인상으로 바뀔 때 시장에 영향을 주는 것으로 보입니다. 금리

결국엔 오르는 집값의 비밀

상승기라면 훼손된 수익률 환경이 공급에 의해서 다시 조성되고, 전세가격의 변동에 의해서 매매가격에 영향을 주는 것입니다.

단기적으로 금리 변동성이 큰 시기에는 금리의 영향을 받고, 시간이 지나면 다시 공급에 영향을 받으며 시장이 바뀌어가는 것입니다. 결국 금리의 영향은 단기적인 변수에 가깝다고 할 수 있습니다. 또 도시의 환경에 따라 수익률과 리스크가 다르듯이 금리의 영향 역시 도시마다 차이가 있습니다. 도시마다 전월세 전환율과 전세가율이 다르기에 금리로 가격의 변동성을 찾는다는 것은 매우 어려운 일입니다. 게다가 금리의 방향 자체를 예측하는 것은 더욱 어려운 일입니다.

금리에서 중요한 부분은 변동폭입니다. 저금리 상황에서는 움직이는 폭이 작더라도 시장에 미치는 영향은 훨씬 크게 작용할 수 있습니다. 금리가 7%에서 10%로 3%가 인상되면 금리변동율은 42.8%입니다. 그런데 저금리 상황에서 금리가 0.5%에서 3.5%까지 인상되면 똑같이 3%가 인상된 것이지만 금리변동율은 700%가 됩니다.

물론 대출시장에서 주택담보대출은 이 정도로 금리가 변화하여 큰 영향을 미치지는 않습니다. 그러나 부동산시장에서는 짧은 시간에 변동폭이 크면 시장에 파급되는 영향도 클 수밖에 없습니다. 이처럼 고금리 상황보다 저금리 상황에서 금리의 인상과 인하가 더 큰 영향을 주게 됩니다.

결론을 말하면, 금리가 부동산시장에 영향을 미치기는 하지만 금리 하나만으로 매매와 전세, 월세 모두를 해석하고 판단하는 것은 어려운 일입니다. 또 금리는 임대인과 임차인이 선택하는 하나의 조건이 될 수

● 그림 5-20 **기준금리와 기준금리 변동률**

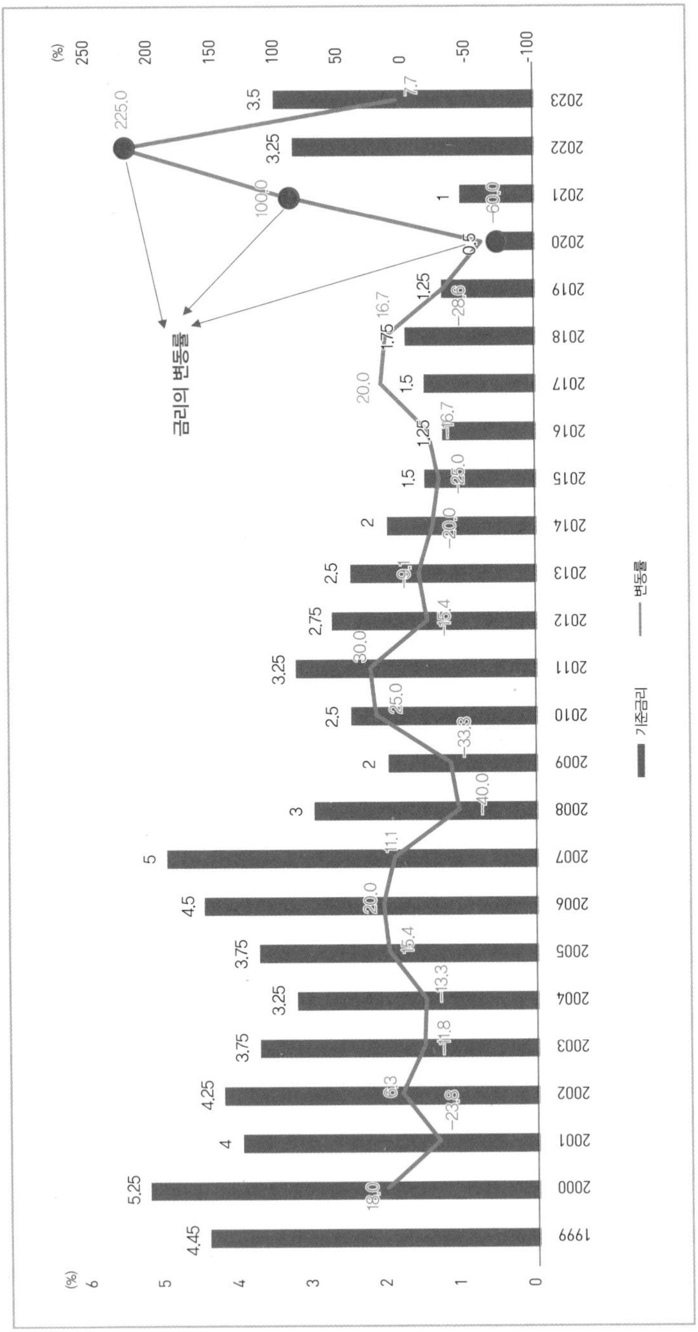

결국엔 오르는 집값의 비밀

있긴 하지만 금리가 만들어내는 수익률이 상품마다 또 지역마다 다르기 때문에 매우 복잡하게 되어 있습니다.

이처럼 복잡한 시장의 수익률 구조를 해석한다는 것은 매우 어려운 일이고, 금리의 방향을 예측하는 것 자체도 어렵습니다. 그래서 금리가 크게 변동하는 기간에는 금리를 수익률을 훼손하는 단기 변수로 이해한다면, 주택시장 전체를 큰 틀에서 크게 벗어나지 않게 전망할 수 있을 것으로 판단합니다.

6장

월세 시대, 무엇이 달라질까

전세의 소멸,
월세화는 피할 수 없는 현실

전세가격 상승률은 지역의 성장 여부를 반영하고 있으며 주택시장의 미래가격이라고 할 수 있습니다. 전세가격 상승률을 지속적으로 유지하기 위해서는 인구의 성장과 소득의 성장이 함께 이루어져야 합니다. 지방의 작은 도시들의 전세가격 상승률이 낮은 가장 큰 이유도 소득과 인구에 기인한다고 봐야 합니다. 전세가격의 성장이 선반영되어 매매가격으로 연결되는 구조로 된 우리 주택시장에서 전세는 매매가격 상승 없이는 존재할 수 없는 임대 유형입니다.

전세가격 상승률이 낮은 곳은 전세가율이 높아 전세가격과 매매가격의 차이가 적으며 이는 높은 수익률 구조를 형성합니다. 그런데 매매가격과 전세가격의 차이가 적어지면 전세가격 대비 월세와 매매가격 대비 월세의 차이가 없어져 서서히 월세로 전환되어야 됩니다. 하지만 시장에서 월세는 주거비용이 아니라 지출로 생각하는 반면, 전세는 보증금

결국엔 오르는 집값의 비밀

만 지불하면 되기 때문에 전세를 더 선호합니다.

이런 이유로 성장률이 낮은 상품에서는 매매가격이 전세가격보다 더 하락하는 경우가 생기며 역전세 문제가 발생합니다. 역전세 문제의 대부분이 빌라와 오피스텔, 원룸 같은 상품이나 특정 지역의 낮은 성장에 기인하고 있습니다. 그래서 이런 상품은 매매가격 상승, 즉 시세차익이 아닌 월세를 통해 수익을 내는 것이 맞습니다. 이처럼 성장률이 낮은 상품들은 리스크가 큰 만큼 월세수익률이 높게 형성되어 있습니다. 그리고 임대시장이 월세화된다는 것은 주택시장에서 매매가격 상승이 어느 정도 성숙하는 단계에 들어섰음을 뜻한다고 할 수 있습니다.

또한 소득이 전세가격을 따라가지 못할 때 월세가 늘어나게 됩니다. 소득이 전세가격을 따라가지 못해 수요가 줄어들면 임대인은 점차 반전세로 변경하게 되고, 반전세에서 월세로 이동하게 됩니다. 이런 루트를

○ 그림 6-1 **시세차익이 적을 때 임대 형태의 변화**

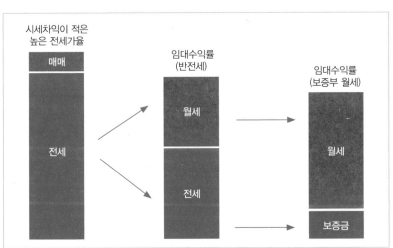

통해서 임대시장이 월세화되며 이는 우리 주택시장의 성숙한 정도를 보여주는 것일 수도 있습니다.

임대시장에서 월세의 비율이 높을수록 시장이 성숙했다는 의미이거나 매매가격의 성장이 둔화되는 도시라고 판단할 수 있습니다. 월세 거래량과 전세 거래량을 조사해 보면 실제로 전세보다 월세가 많이 거래되는 지역들이 있습니다. 이런 지역들은 대부분 매매가격의 성장이 둔화된 아주 작은 도시이며, 월세를 통한 수익을 보존하기 위해서 월세가 전세보다 많이 거래되는 곳입니다.

우리 주택시장도 차차 월세로 가는 것은 필연적일 수밖에 없습니다. 성장의 둔화로 인해 매매가격의 상승이 점차 둔화된다면 시세차익이 나지 않는 상품으로 바뀌기 때문입니다. 결국 어느 시점에서는 시세차익형이 아닌 임대수익형인 월세 상품의 비중이 높아질 것이며 이러한 월세 상품들이 시장에 남아 주요 임대 형태로 자리를 잡게 되는 것입니다. 전세시장이 완전히 사라지지는 않겠지만 다가올 미래의 임대 형태가 주로 월세가 되는 것은 피할 수 없을 것입니다.

결국엔 오르는 집값의 비밀

월세, 오를 수밖에
없는 이유

세상에 제공되는 재화들은 기본적으로 수익에 기반하고 있습니다. 수익이 없는 물건을 지속해서 공급하기란 불가능합니다. 전세는 시세차익이라는 수익이 있기 때문에 존재하는 것입니다. 만약 시세차익이 계속 줄어든다면 줄어든 수익을 월세를 통해서 확보할 수 있어야 월세물건이 공급됩니다.

지역에 따라 차이는 있겠지만 우리나라의 월세는 그동안 크게 오르지 않았습니다. 특히 지방에 있는 아파트들은 매매가격은 많이 올랐지만 월세는 거의 오르지 않았습니다. 〈표 6-1〉의 지역별 월소득 대비 주택임대료 비율을 볼까요. 2006년 전국의 월소득 대비 주택임대료 비율은 18.7이었고 2022년에는 16.0으로 오히려 떨어졌습니다. 이는 우리 주택시장의 수익 구조가 월세수익이 아닌 시세차익으로 되어 있기 때문입니다. 또한 시세차익이 있기 때문에 우리 주택시장에 전세라

표 6-1 **월소득 대비 주택임대료 비율**

(단위: %)

지역＼연도	2006	2008	2010	2012	2014	2016	2017	2018	2019	2020	2021	2022
전국	18.7	17.5	19.2	19.8	20.3	18.1	17.0	15.5	16.1	16.6	15.7	16.0
수도권	19.9	22.3	20.9	23.3	21.6	17.9	18.4	18.6	20.0	18.6	17.8	18.3
광역시 등	18.5	19.3	16.4	16.8	16.6	15.4	15.3	16.3	16.3	15.1	14.4	15.0
도	17.8	15.9	14.4	14.5	15.8	14.2	15.0	15.0	12.7	12.7	12.6	13.0

자료: 국토교통부 주거실태조사

는 임대 형태가 존재하고, 이것이 월세가 크게 오르지 않는 까닭이기도 합니다.

전세가 줄어들고 월세가 늘어난다는 것은 시세차익을 얻기가 점차 어려운 시장이 된다는 뜻이기도 합니다. 시세차익이 아닌 월세가 수익의 근본이 된다면, 임대인이 치러야 할 비용이 월세가격에 추가됩니다. 임대인 입장에서는 금리 상승, 시세 하락과 공실, 유지 보수, 세금 등으로 수익률에 치명적인 리스크가 증가하기 때문입니다. 수익에 대한 리스크로 인해 월세가격이 올라가는 것이 첫 번째라면, 두 번째는 구조적인 부분으로 인해 월세가격이 올라가게 됩니다.

매매가격과 전세가격의 차이가 적은, 즉 전세가율이 높은 곳은 시세차익이 줄어들게 됩니다. 또한 수익이 시세차익이 아닌 월세에서 나오는 곳은 투자자가 크게 줄어들 가능성이 있습니다. 시세차익이 생긴다고 가정하는 투자는 세금이나 추가되는 비용 등에서 비교적 자유롭지만, 월세 투자는 수익률에 민감하고 수익률의 리스크가 크기에 투자자가 진입하기 어려운 시장으로 바뀌게 됩니다. 게다가 시세 하락에 대한

결국엔 오르는 집값의 비밀

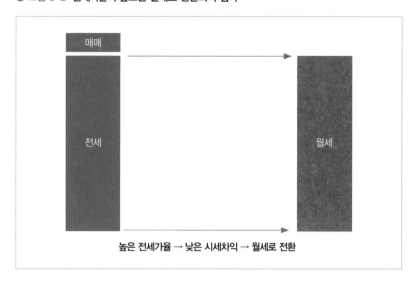

● 그림 6-2 **전세가율이 높으면 월세로 전환되기 쉽다**

높은 전세가율 → 낮은 시세차익 → 월세로 전환

리스크까지 안고 투자해야 하기에 투자자들의 접근이 더욱 어려워져 월세는 전세만큼 공급이 쉽게 이루어지지 않습니다.

이런 이유로 신규 임대공급이 잘 안 될 가능성이 매우 높으며 따라서 월세가격은 지속적으로 상승하게 됩니다. 특히 신축은 리스크가 더 크기 때문에 높은 월세가격이 형성됩니다. 월세가 임대 형태인 나라에서는 대부분 이러한 현상이 나타나고 있습니다.

일본은 우리나라보다 월세수익률이 좋은 편입니다. 그런데도 투자가 활성화되지 못한 이유는 부동산이 지속해서 하락했던 과거의 경험 때문일 것입니다. 또 더 이상 내려갈 수 없는 초저금리로 인해 금리를 통한 자산가치 상승을 기대하기 어렵기 때문입니다. 이런 이유들로 높은 월세수익률을 유지하고 있는 것입니다. 자산가치 상승에 대한 기대가 낮을수록 리스크가 증가하기 때문에 그만큼 월세가격이 올라갈 가능성이 높아집니다. 전세가 사라지면 주택가격의 변동성은 낮아지고 주택 임대시장은 높은 가격의 월세로 자리를 잡아가게 될 것입니다.

결국엔 오르는 집값의 비밀

월세가 늘면
공급이 감소한다

우리 주택시장은 신규주택의 과다공급과 과소공급이 반복되어 왔지만 그 속에서도 공급은 꾸준히 잘 이루어져 왔다고 봅니다. 지금까지 공급이 잘 이루어질 수 있었던 데는 시세차익이라는 기대수익이 존재하고 이에 맞게 수요가 움직였기 때문입니다. 공급하는 쪽에서는 수요가 없으면 더 이상 공급을 할 수 없습니다.

또한 우리 주택시장은 아파트가 가장 선호하는 주거 형태로 자리를 잡으면서 공급이 대규모로 이루어집니다. 그리고 막대한 자금이 소요되는 주택공급 사업에는 큰 리스크가 따릅니다. 그렇다면 공급을 하는 건설사 입장에서는 어떨까요?

실수요자나 투자자나 어느 정도 수익을 기대하고 분양시장에 접근하게 되는데요. 만약 기대수익이 사라져서 자칫 미분양이 발생할 위험이 있다면 공급이 축소될 수밖에 없습니다. 신규공급자인 건설사는 이러한

○ 그림 6-3 **공급의 영향을 많이 받는 월세**

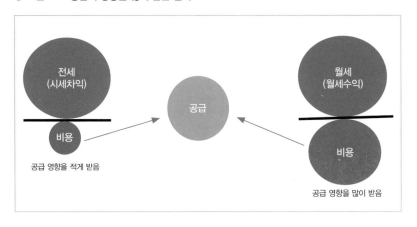

리스크로 인해 신규공급에 더욱 신중하게 됩니다.

반대로 재고주택 시장에서 매매가격이 상승하면 실수요자와 투자수요가 늘어나면서 신규공급을 할 수 있는 환경이 조성됩니다. 그래서 상승기에는 공급을 늘릴 수 있게 됩니다. 시세차익을 기대할 수 있으면 보유세 상승, 금리 상승 등에 의해 발생하는 비용에서 조금은 자유로울 수 있기 때문에 가격만 올라주면 수요는 여전히 신규시장에 참여할 가능성이 매우 높습니다.

하지만 월세는 다릅니다. 금리 상승 같은 비용의 증가는 월세수익률을 훼손하며, 또다른 추가 비용이 발생한다면 월세수익률은 치명적이 됩니다. 이러한 이유로 투자수요가 쉽게 진입할 수 없는 시장이 됩니다. 또한 대규모 공급이 이루어지는 아파트시장에서는 입주 시점에 월세가격이 낮게 형성될 가능성이 높을 뿐 아니라. 입주 3년 전의 분양 시점에서 입주 시점의 월세수익률을 예측한다는 것은 거의 불가능합니다.

결국엔 오르는 집값의 비밀

여기에 임대료 인상 5% 상한제 같은 정책이 지속된다면 대규모로 입주하는 우리나라의 공급환경에서 낮은 임대료로 시작할 가능성이 높기에 투자자 입장에서는 나쁜 환경이 됩니다. 이렇게 나쁜 투자환경에서는 리스크가 큰 외곽 지역이나 대규모 택지로 조성되는 신도시는 공급이 더욱 위축될 수밖에 없습니다.

기대수익을 내기 위한 임대인의 행동 또한 다릅니다. 임대인들은 월세가격을 높이기 위해서 집 내부를 최소한의 비용을 들여 수리하고 수익률을 높이려고 하지, 많은 비용을 들여 집 전체를 고치려고 하지 않습니다. 임대인은 비용을 최소화하려는 방어적 자세를 고수할 것이며, 만약 비용이 늘어난다면 이를 임대료에 전가할 가능성이 큽니다. 이러한 이유로 월세가격은 상승할 확률이 높습니다.

개인적인 생각이지만 유럽의 거리에 고풍스러운 오래된 주택들이 지금까지 남아 있는 것은 임대 형태가 월세이기 때문이라고 생각합니다. 반면 시세상승을 기대하는 우리는 재건축을 통해서 오래된 주택들이 아파트라는 형태로 빠르게 바뀌었다고 생각합니다. 이처럼 시세차익과 월세를 통한 기대수익의 차이에 의해서 공급량이 달라지게 될 가능성이 매우 높습니다. 만약 월세화가 빠르게 진행된다며 그 속도에 맞게 공급도 필연적으로 감소할 것으로 생각합니다.

매매, 전세, 월세,
앞으로 이렇게 바뀐다

우리 주택시장을 장기적 관점에서 보면 전세는 점점 줄어들어 전세가율이 높아지고 월세가격은 높게 유지될 가능성이 있습니다. 매매가격은 과거보다 변동성이 낮아지고 가격상승도 어느 정도 성숙해 갈 것으로 생각합니다. 단, 이는 주택시장에 공급이 지속되고 재고주택이 계속 늘어난다는 조건 하에서입니다.

인구감소에 따른 수요감소는 전체 수요의 감소로 이어지고, 이는 가격 변동성이 낮아지는 원인이 됩니다. 또한 경쟁력이 없는 주거 지역과 낮은 품질의 주거 형태는 시장에서 점점 수요를 찾지 못하게 될 가능성도 있습니다.

〈그림 6-4〉에서 보듯이 성장성이 높은 도시와 상품에 비해 성장성이 낮은 도시와 상품은 미래의 가치가 줄어들어 매매가격과 전세가격의 갭이 점차 줄어들며 전세가율이 높아집니다. 이렇게 전세가격은 매매가격

결국엔 오르는 집값의 비밀

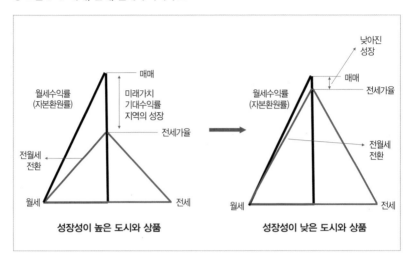

과 비슷한 수준까지 가게 됩니다. 결국은 전월세 전환율과 자본환원율 (매매가격 대비 월세가격)이 비슷해져 높은 월세수익률이 만들어지게 됩니다.

이러한 매매가격과 전세가격의 구조적인 모습을 가장 잘 보여주는 것이 전세가율의 변화입니다. 전세가율에 중요한 의미가 있는 것은 매매, 전세, 월세의 가격이 우리나라의 경제성장, 인구성장과 함께 구조적으로 연결되기 때문입니다.

7장

부동산 정책,
얼마나 효과 있을까

가격 변동성만 키우는
임대차 3법

가격상승은 여러 가지 이유에서 일어날 수 있습니다. 특히 지역에 호재가 있거나 재건축을 통해 새로운 상품으로 바뀌게 되면 가격이 상승합니다. 하지만 가격상승의 근본이 되는 것은 임대료의 상승입니다. 우리나라에서는 전세가격의 상승이 매매가격의 상승으로 연결되는 구조가 만들어져 있기 때문입니다. 이러한 구조에서 전세수급에 가장 크게 영향을 미치는 것이 신규공급입니다. 여기에 더해 2년 후 전세 만기 물건들이 시장에 나오며 전세가격에 영향을 주게 됩니다.

또한 시장의 변동성을 높이는 것은 수요와 공급의 불균형이 가장 큽니다. 공급 측면에서는 과다공급이나 과소공급, 수요 측면에서는 수요가 시장에 머물러 있는 기간이 수급의 불균형을 가중시키게 됩니다. 지난 2020년 하반기에 임대차 3법에 의해서 계약갱신청구권이 시작되고 이로 인해 전세물건이 급감했습니다. 이는 2년 만기 시 시장에 나올 전

결국엔 오르는 집값의 비밀

세물건이 시장에 나오지 않으면서 생긴 문제입니다. 급감한 전세물건으로 인해 전세가격이 급등했고 매매가격도 급등했던 것을 모두 기억하고 있을 것입니다.

계약 기간이 끝난 기존주택에서 나와야 할 전세물건의 급감이 결국은 전세가격의 변동성을 높였는데요. 이는 공급에서의 문제만이 아닙니다. 수요의 입장에서도 또 다른 문제의 불씨를 가지고 있습니다. 만약 부동산시장이 상승기로 돌아서면 4년 동안 머물러 있던 전세수요들이 매매수요로 참여하게 되면서 매매가격을 더 크게 자극할 수 있기 때문입니다. 오랫동안 시장에 머물러 있던 전세수요가 한꺼번에 매매시장에 참여하게 되면 매수수요의 경쟁은 더 심해질 것이고 이는 결국 가격의 변동성을 높이게 될 것입니다.

또한 계약갱신청구권 제도는 수요와 공급의 불일치 문제와 함께 공실을 증가시킵니다. 시장에는 다양한 전세 기간의 수요가 존재하듯이 임대를 공급하는 쪽에서도 2년+2년의 전세 기간에 맞출 수 없는 다양한 임대인이 있기 때문입니다.

만약 어떤 이유로 1년만 전세를 놓을 수 있는 임대인이 있다면 공실로 둘 수밖에 없습니다. 아니면 단기 임대가 가능한 월세로 이동하게 됩니다. 이처럼 시장에 물건은 있으나 수요와 공급의 임대 기간 차이에 의해 수급 불균형이 더욱 심화됩니다.

특히 분양을 받아서 입주를 기다리는 수요나 학군지역은 3년간 거주하고 싶어 하는 전세수요가 대부분일 수 있습니다. 시장에는 이처럼 다양한 수요가 존재하며, 이러한 수요에 맞는 공급이 이루어져야 공실이

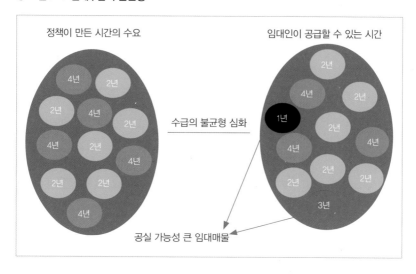

◎ 그림 7-1 전세수급의 불균형

적어지고 전세공급의 효과를 극대화할 수 있습니다.

신규로 공급을 해도 4년 동안 전세를 놓을 수 없는 임대인이라면 투자자로서의 시장 참여 또한 줄어들게 됩니다. 투자수요의 감소는 공급의 감소로 이어지며 전세공급에 대한 불안을 더욱 크게 만들 수 있습니다. 또한 투자자의 시장 참여가 줄어든다면 건설사의 신규공급도 같이 줄어드는 환경이 될 가능성이 큽니다. 이런 이유들로 인해 전세공급의 변동성이 커져 전세가격의 변동성을 높이게 됩니다.

여기에 더해 전월세상한제 또한 계약 기간 동안 시장의 상승률을 반영하지 못하게 해서 임대 기간 종료 후에는 시장의 가격을 모두 반영하면서 가격 변동성을 높일 가능성이 큽니다. 계약 기간이 정해져 있으면 임대시장의 다양한 수요를 수용하지 못하게 되며, 임대를 공급하는 입장에서도 큰 제약이 됩니다. 결국 이러한 이유로 수급 불균형은 심해지

결국엔 오르는 집값의 비밀

고 이러한 불균형으로 인해 전세가격의 변동성과 매매가격의 변동성을 키우게 됩니다.

금융시장에서도 한꺼번에 매도하면 투매가 되고 한 번에 돈을 빼내면 뱅크런이 일어나듯이, 주택시장에서도 같은 시점에 집을 사게 하고 모두가 같은 기간에 맞추어 임대를 하는 정책이 정말 집값 안정에 도움을 주는 정책인지 고민해야 되는 부분입니다.

가격 거품을 일으키는
전세자금대출

지금까지 전세의 중요성에 대해서 계속 강조했는데요. 매매가격에 큰 영향을 미치는 전세가격은 2008년 전세자금대출 제도가 시작되며 전환점을 맞았습니다. 전세자금대출 시행 이전에는 대부분 자신의 자본으로 전세보증금을 조달하였고 부모님의 도움을 받는 것이 대부분이었습니다. 그런데 전세자금대출이 시행되면서 전세가격 상승에 영향을 주게 됩니다.

전세자금대출이 시행되기 전의 전세수요는 소득에 맞는 주거지역이나 주택을 찾아가는 선택을 했습니다. 주택의 사용가치인 전세가격에 맞게 거주를 했고, 이때는 자기자본의 성격이 강한 전세가격이 매매가격의 하락을 방어하는 역할도 했습니다. 하지만 2008년 이후에는 전세가격에 자기자본에 더해서 전세자금대출이 포함됩니다.

우리 주택시장에서 전세가격은 매매가격을 측정하는 바로미터이고

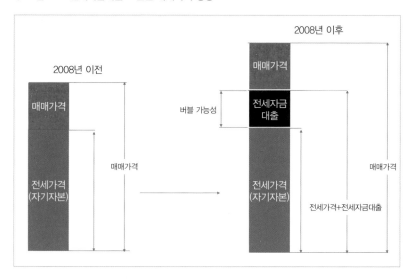

펀더멘털과 같은 역할을 하고 있었기 때문에 전세자금대출은 사용가치의 성격을 크게 변화시킨 계기가 되었습니다. 만약 전세수요의 소득이 전세가격 상승을 따라가지 못했다면 임대인들은 반전세로 갔을 가능성이 매우 높습니다. 시장의 소득이 전세가격 상승을 따라가지 못했다면 월세시장으로 더 빠르게 변했을 가능성이 있습니다.

또 한편 전세자금대출은 월세에서 시작하는 임차인도 전세자금대출을 이용하여 전세로 진입하게 만듭니다. 결국 전세자금대출은 전세수요를 늘려 전세가격 상승에 일조하며 미래의 가치가 선반영되는 매매가격을 더욱 상승시킵니다.

앞서 임대차 3법이 수요의 변동성을 높여 전세가격의 변동성을 높일 위험성에 대해 이야기했습니다. 이 같은 임대차 3법에 더해 전세자금대출은 사용가치를 왜곡시켜 매매가격에 거품을 만들 가능성이 있습니다. 물론 전세자금대출은 전세주거의 안정에는 도움이 되지만 매매가격 불안을 유발할 가능성이 내재되어 있기에 무엇에 중점을 두고 주택 정책을 펼쳐야 할지 고민해야 할 중요한 사안입니다.

역전세는
구조적인 문제

역전세는 전세 만기 시점에 이전 계약 시점보다 전세시세가 낮아서 생겨나는 문제입니다. 즉 실제 전세보증금은 임대인이 모두 보관하고 있지 않은 장부상의 금액이고, 이 보증금의 반환은 다음 임차인을 통해서 이루어지는 구조인데요. 역전세가 발생하지 않기 위해서는 전세가격이 지속적으로 상승해야 합니다. 이것이 앞서 계속 강조해 왔던, 전세가격 성장이 중요한 이유입니다. 또 한 가지 중요한 것이 수요의 성장입니다. 전세수요가 계속 늘어나고 새로운 임대수요에 의해서 전세시장이 지속 가능해야 전세환경도 안정적으로 성장하게 됩니다.

지금까지 우리 주택시장에서 전세가 유지되었던 것은 인구수 증가와 함께 가구수 증가 그리고 소득의 증가가 등락은 있었지만 지속적으로 이루어져 왔기 때문입니다. 일반적으로 수요의 성장보다 빠른 공급이 이루어지면 일시적으로 전세가격이 하락하며 역전세가 발생합니다. 이

○ 그림 7-3 **전세가격의 급등과 급락으로 인한 역전세 가능성**

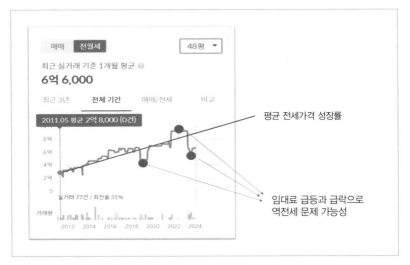

자료: 호갱노노

는 공급에 의한 역전세이고, 수요의 변동성을 높이는 정책의 시행이나 매매가격의 변동성이 커지는 것 또한 역전세를 발생시킬 수 있습니다.

역설적이게도 임대수요의 변동성을 가장 크게 만드는 것은 매매가격의 상승과 하락입니다. 공급의 변동성을 가장 크게 만드는 것도 가격에 따라 움직이는 수요인 매매, 전세, 월세 등 주거 형태 선택의 변화입니다. 이처럼 수요는 시장의 변화에 민감하게 움직입니다. 그런데 일정하게 전세가격이 성장한다는 보장은 없습니다. 우리나라의 경제성장이 일정하지 않은 것처럼 전세가격 역시 상승률이 다르고 때로는 하락도 하기 때문입니다.

여기에 더해 임대차 3법 중 계약갱신청구권으로 인해 수요가 한쪽으로 더욱 몰리게 된다면 전세가격의 안정과 큰 폭의 상승이 반복될 가능

결국엔 오르는 집값의 비밀

성이 높아집니다. 만약 과다공급과 과소공급이 주기적으로 수요와 겹치게 된다면 더욱 큰 변동성이 일어나며 이러한 구조에 의해 역전세가 발생할 수 있습니다.

또 하나는 상품에서 나오는 구조적인 문제들입니다. 월세가 주류인 오피스텔 같은 수익형 부동산이 시세차익을 목적으로 시장에 나오면서 생겨나는 문제입니다. 언론에서 많이 보도되었던 역전세의 대부분이 투자자 개인의 부도덕성에 기인했다면, 두 번째는 성장의 한계에 있는 이러한 주거 상품들에 높은 전세가율과 높은 전세가격이 형성되었기 때문입니다. 그래서 매매가격 상승이 느린 상품은 월세를 통한 수익형 부동산이 되어야 합니다. 공급부족으로 인해 일시적으로 전세가격이 급등하거나 급락하면 전세수요가 수익형 부동산으로까지 밀려가며 생긴 것이 역전세 문제입니다.

이렇게 성장에 한계가 있는 상품들이 전세가율이 높아지고 공급부족과 공급과잉이 반복될 때마다 역전세 문제에 구조적으로 노출됩니다. 점차 저성장을 향해 가는 우리 경제 그리고 성장이 둔화되고 전세가율이 높은 지역과 상품의 수요에 대한 인식 전환이 필요한 시점입니다.

정책은 시장을
장기간 움직이지 못한다

주택시장을 어떤 관점에서 바라보는지에 따라 정부의 역할은 명확하게 달라집니다. 주거의 안정을 중요시하면 가격의 상승과 하락보다는 공급에 초점을 두고 정책을 펼칩니다. 하지만 가격의 안정이 목적이라면 매수수요를 줄이기 위해 다주택자에 대한 규제 정책을 펴게 됩니다. 또 다주택자의 역할을 바라보는 시각에 따라 다른 정책을 내게 됩니다. 다주택자를 임대공급자로 보는지 아니면 투기꾼으로서 규제의 대상으로 보는지에 따라 정책의 방향이 달라집니다.

박근혜 정부에서는 다주택자에 대한 규제 완화 정책을 펼친 반면 문재인 정부는 임기 내내 다주택자에 대한 규제 정책으로 일관했습니다. 하지만 정부의 정책과 상관없이 가격은 안정되지 않았고 거주 불안은 더욱 커졌습니다.

과거의 정책들을 간단하게 살펴보면, 1988~1993년대 노태우 정부에

결국엔 오르는 집값의 비밀

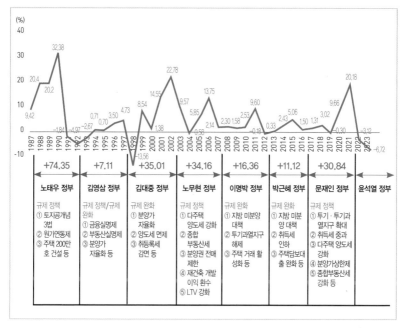

◆ 그림 7-4 주요 부동산 정책과 전국 아파트 매매가격 상승률

정부	상승률	정책 유형	주요 정책
노태우 정부	+74.35	규제 정책	① 토지공개념 3법 ② 원가연동제 ③ 주택 200만 호 건설 등
김영삼 정부	+7.11	규제 정책/규제 완화	① 금융실명제 ② 부동산실명제 ③ 분양가 자율화 등
김대중 정부	+35.01	규제 완화	① 분양가 자율화 ② 양도세 면제 ③ 취등록세 감면 등
노무현 정부	+34.16	규제 정책	① 다주택 양도세 강화 ② 종합 부동산세 ③ 분양권 전매 제한 ④ 재건축 개발 이익 환수 ⑤ LTV 강화
이명박 정부	+16.36	규제 완화	① 지방 미분양 대책 ② 투기과열지구 해제 ③ 주택 거래 활성화 등
박근혜 정부	+11.12	규제 완화	① 지방 미분양 대책 ② 취득세 인하 ③ 주택담보대출 완화 등
문재인 정부	+30.84	규제 정책	① 투기·투기과열지구 확대 ② 취득세 중과 ③ 다주택 양도세 강화 ④ 분양가상한제 ⑤ 종합부동산세 강화 등
윤석열 정부			

자료: KB부동산

서는 토지공개념 3법이라는 강력한 규제 정책을 펼쳤습니다. 하지만 가격은 안정되지 않았고 결국 1기 신도시 입주 시점부터 가격이 점차 안정이 되었습니다. 노무현 정부 시절 또한 규제 정책으로 가격 안정에 초점을 두었지만 결국 임기 말인 2008년 금융위기 이후에 가격이 안정되었습니다. 이처럼 부동산시장은 정부 정책이 의도한 방향대로 흘러가지 않습니다. 이는 지방의 경우 더욱 명확하게 나타납니다.

2004년 이후부터 서울·수도권과 지방은 다른 사이클로 움직이고 있습니다. 부산광역시는 2004~2006년, 대구광역시는 2006~2009년, 대전광역시는 2006~2007년, 광주광역시는 2009년, 울산광역시는 2008

년으로 도시마다 침체 기간이 달랐습니다. 이는 지역의 환경에 따른 것이지, 정부의 정책으로 시장이 일관되게 움직이는 것은 아니라는 증거입니다.

박근혜 정부와 문재인 정부 때도 도시마다 침체 구간이 다르게 나오는데요. 부산광역시는 2018~2019년, 대구광역시는 2016~2017년이었고, 울산광역시는 2016~2019년으로 가장 길었습니다. 대전광역시는 2013~2017년까지 강보합 정도의 시장이 유지되었습니다.

하락 시기도 각기 다르지만 지방은 상승하는 시점이나 기간도 모두 다르게 움직였습니다. 대부분의 도시들이 침체인 구간에서도 2023년 중반부터 2024년까지 상승을 이어가고 있는 도시들은 오히려 김천시, 진주시, 논산시, 춘천시 같은 작은 규모의 지방 도시들입니다. 이처럼 지방은 외부 요인보다는 그 도시의 공급에 영향을 받는 시장 흐름을 보이고 있습니다. 즉 정부의 정책과 무관하게 지역의 내부에서 만들어내는 시장환경에 의해서 상승과 하락을 반복하고 있는 것입니다.

정부의 정책은 단기간에는 시장의 방향을 돌릴 수 있습니다. 하지만 지속적으로 유지하는 것은 매우 힘듭니다. 시장은 시장 안에서 나름의 규칙을 가지고 움직이고 있기 때문입니다. 즉 시장이 오랜 시간에 걸쳐 만들어놓은 상승환경과 하락환경은 정부의 정책으로 단기간에 변하지 않기 때문입니다.

부동산시장의 변동성을 키우는 가장 큰 원인은
수요와 공급의 불균형입니다.
그런데 정책에 의해 과다공급이나 과소공급의
환경이 만들어지면, 매매가격의 변동성이 커집니다.
특정 정책이 집값 안정에
실제로 도움이 되는지는 신중하게 고려해야 합니다.

8장

통계를 과신하면 안 되는 이유

해석하기 나름인 통계

통계는 훌륭한 자료임에는 틀림없지만 어떻게 해석하는가에 따라 전혀 다른 결론을 도출하게 됩니다. 가령 소득으로 주택가격을 보는 것과 주택가격으로 소득을 보는 것은 엄연히 다릅니다.

소득으로 주택가격을 보게 되면 가격만으로 고평가되었는지 저평가되었는지 판단을 내리게 됩니다. 하지만 주택가격의 측면에서 소득을 보게 되면 이는 주택가격의 등락이 만들어놓은 결과이게 됩니다.

또 주택의 현재 시세를 과거의 가격으로 비교해서 평가할 것인지 아니면 비용과 수익 측면에서 평가할 것인지에 따라서도 같은 가격의 주택일지라도 다른 판단을 내리게 됩니다. 이렇듯 통계는 관점에 따라 다르게 해석되며 다른 판단을 내리게 합니다. 그래서 통계의 해석은 신중해야 됩니다. 주택가격의 상승과 하락에 있어 가장 많이 인용되는 통계가 유동성(M2) 증감과 가계대출 증감액의 상관관계입니다. 〈그림 8-1〉은

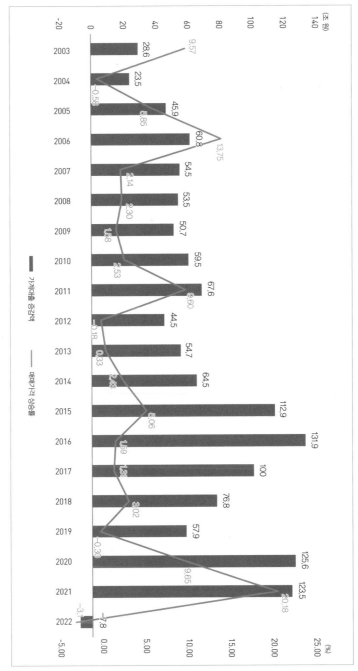

(조 원)

가계대출 증감액 ━━━━━ 매매가격 상승률

자료: KB부동산, e−나라지표

우리나라의 전체 가계대출 증감과 매매가격 상승률입니다. 연도별로 이 통계를 보면 대출이 늘어서 가격이 오른 것인지 가격이 올라서 대출이 늘었는지 명확하게 구분하기 힘듭니다.

마치 가계대출 증가와 유동성의 증가로 인해 주택가격이 상승하는 것으로 보이지만 실상 이런 통계들은 대부분 동행지수일 가능성이 큽니다. 일반적으로 생각해 보면 주택가격이 올라가는 환경이라서 대출을 늘려 집을 구매하는 것이고, 가격이 떨어지는 환경이면 대출을 할 이유가 없는 것입니다. 결국은 상승의 환경이 조성되어 있는 경우와 아닌 경우가 핵심이지 가계대출의 증감은 그에 따른 부수적인 금융환경일 뿐입니다.

즉 가계대출 증감과 유동성 증감이 시장의 주체가 되어 상승과 하락을 끌고 가는 것이 아니라, 전세부족으로 대출을 통해 집을 매수할 수밖에 없는 환경이거나 시장의 환경이 이미 상승으로 들어섰을 때 지속적으로 대출이 증가하는 것과 함께 가격도 상승하는 것입니다. 하락의 경우에도 하락의 환경에서 대출이 줄어드는 것이고 또 하락이 본격화되면 대출해서 주택을 매수해야 될 이유가 점차 사라지면서 더욱 대출이 줄어들게 되는 것입니다.

2023년에 시행되었던 보금자리특례론과 2024년에 시행되는 신생아특례론 같은 정책적인 지원상품에 의해 만들어진 일시적인 유동성 증가 또한 시장에 미치는 영향은 일시적일 수밖에 없습니다.

결국은 시장의 환경이 유지될 때 대출도 추세적으로 시장에 영향을 주게 되는 것입니다. 이렇듯 대출은 주택시장 방향성의 키가 아닌 동행일 가능성이 큰 것입니다.

미분양으로
시장을 판단하지 마라

수요와 공급과 함께 빠지지 않고 이야기되는 것이 미분양 통계입니다. 수급의 관점에서는 과다공급이 되었을 때 미분양이 늘어나고 과소공급이 되면 미분양이 줄어들며 가격이 상승한다는 논리인데요. 주택시장의 실상은 그렇지 않는 경우가 많습니다. 기본적으로 미분양은 기존주택에서 가격의 상승과 하락이 생기며 나타나는 하나의 현상입니다.

흔히들 미분양이 줄어들면 가격이 상승하고 미분양이 늘어나면 가격이 하락한다고 하지만 그렇지 않은 경우도 있습니다. 오히려 가격이 상승하면 미분양이 줄고 가격이 하락하면 미분양이 늘어나는 경우가 더 많습니다. 또 미분양의 원인은 다양합니다. 과거 금융위기와 외환위기 같은 외부의 큰 충격에 의한 미분양이라면 과다공급에서 나온 것이 아니기 때문에 위기만 지나가면 미분양은 금방 줄어들게 됩니다. 하지만 공급이 충분히 되어 있는 환경에서 가격하락과 함께 나온 미분양이라면 그 성격이 다릅니다. 이때는 공급이 줄어들고 기존주택들이 상승으로 돌아서야 미분양이 줄어들게 됩니다.

또한 단기간에 미분양이 조금 늘어났거나 혹은 줄어드는 것은 큰 의미가 없습니다. 몇 달 사이에도 분양물량이 줄어들면 비슷한 시기에 미분양이 줄어들게 됩니다. 또 주변의 시세보다 분양가가 높을 때도 미분양은 금방 늘어나게 됩니다. 이처럼 미분양이 늘었다 줄었다 하는 데는 여러 가지 이유가 있기 때문에 미분양을 선행지표로 사용하는 것은 매우 위험한 생각입니다.

〈그림 8-2〉는 매매가격이 상승하고 하락하는 과정에서 미분양에 어떤 변화가 있었는지를 보여주는 그래프입니다. 그림에서 보듯이 2003년에서 2004년으로 넘어가는 시기에 미분양이 늘어났고 가격도 떨어졌습니다. 2003년과 2004년은 신용카드 사태로 인해 부동산시장에 큰 악재가 생긴 시점이었고 이로 인해서 일시적으로 침체가 오며 미분양도 늘어났습니다. 그러나 2005년부터는 다시 가격이 상승하며 미분양도 줄어들게 됩니다.

본격적으로 미분양이 늘어나게 된 것은 2008년 이후 가격하락이 시작되는 시점입니다. 매매가격이 2013년 하반기부터 상승한 수도권이었지만 이 시기는 미분양이 가장 많은 때이기도 했습니다. 2014년은 본격적으로 서울·수도권이 상승을 하였고 그 영향으로 줄어들었던 미분양은 2015년에 다시 늘어나게 됩니다. 이처럼 단기적인 미분양의 변화는 시장의 방향과 일치하지 않는 경우가 있습니다.

1년이라는 짧은 시간 안에서 미분양의 변화를 보고 시장의 방향을 예

결국엔 오르는 집값의 비밀

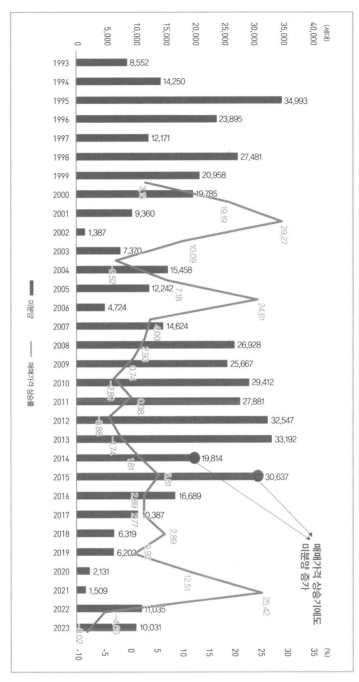

● 그림 8-2 수도권 미분양과 매매가격 상승률

자료: KB부동산, 국토교통부 통계누리

8장 _ 통계를 과신하면 안 되는 이유 | **193** |

○ 그림 8-3 2023년 1~12월 수도권 미분양 추이

측한다는 것은 더욱 어렵습니다. 〈그림 8-3〉은 2023년 1월부터 12월까지의 미분양 추이입니다. 미분양이 2월을 정점으로 꾸준히 감소하다가 12월에 다시 큰 폭으로 증가하였습니다. 이처럼 1년 동안에도 미분양의 증감이 나오기 때문에 미분양이 몇 달 감소하였다고 상승으로 전망하는 것은 매우 조심해야 되는 부분입니다.

정책적인 도움에 의한 미분양 감소나 외부의 환경에 의한 증감보다는 공급의 부족과 과잉 그리고 가격의 상승과 하락이 연결되어 나오는 미분양 물량의 증감으로 시장의 방향성을 보다 정확하게 판단할 수 있습니다.

거래량,
어떻게 봐야 할까

우리가 거래량을 중요한 통계로 보는 까닭은 현재의 수요에 대해서 간접적으로 파악할 수 있기 때문입니다. 거래량이 급속히 줄어들면 수요가 확연히 줄었거나 없다고 판단하고 또 거래량이 급속히 늘어나면 시장에 수요가 많다고 생각할 수 있습니다. 하지만 수요는 시장의 상황에 맞게 가장 유리한 주거 형태를 선택했다는 뜻입니다. 거래량을 수요가 많거나 적다는 판단의 근거로 사용하지는 못합니다. 상승환경으로 바뀌면 사람들은 임대수요자에서 매매수요자로 바뀌고, 하락환경이 되면 매수수요자에서 전세수요자로 언제든 이동할 수 있는 것입니다.

지난 2020년과 2021년에 매매 거래량이 폭발적으로 늘어난 것은 전세부족에서 나온 것이고, 전세부족이 매매가격 상승을 더 부채질할 수 있다는 불안감에서 나온 매매 거래량입니다. 이처럼 수요는 시장의 상황에 따라 언제든 바뀔 수 있으며 그때그때 상황에 맞게 유리한 선택을 할 뿐입니다.

또 2022년과 2023년은 역대 가장 적은 매매 거래량을 보인 시기입니다. 이렇게 적은 매매 거래량이 가격하락을 만들었을까요? 아니면 큰 폭의 가격하락이 역사상 가장 적은 매매 거래량을 만든 것일까요? 가격하락이 거래량을 줄였든 아니면 늘어난 거래량이 가격상승을 만들었든 거래량과 가격은 상관관계가 있는 것은 분명합니다. 하지만 시장을 판단할 때 거래량이 몇 달간 늘고 줄었다는 것을 근거로 가격의 변곡점이 시작되었다고 말할 수 있을까요?

거래량은 최소한 1년 정도는 그 지역의 평균 매매 거래량 이상으로 나올 때 의미가 있습니다. 그리고 매매가격 하락 후에 첫 번째 거래량이 평균 이상 늘어났을 때, 여기에 덧붙여서 신규공급이 부족한 시장환경에서 기존주택을 매수하면서 늘어난 거래량이 변곡점의 의미가 있는 것입니다. 이렇게 늘어난 거래량이 공급량과 함께 움직일 때 가장 큰 의미를 가지게 됩니다.

〈그림 8-4〉는 대구광역시의 입주물량과 지난 3년간의 매매 거래량 평균을 낸 자료입니다. 이를 보면 2006년부터 입주물량이 많아지며 가격이 하락하였고 2009년까지 입주물량이 많았습니다. 이렇게 많은 입주물량 속에서도 매매 거래량은 2008년부터 지속적으로 상승합니다. 많은 입주물량 속에서도 내부적으로는 매수수요가 지속적으로 늘어나며 결국은 입주물량이 적은 2010년에 상승 변곡점이 발생하게 됩니다.

2013년을 정점으로 매매 거래량 추세는 하락하고 2016년에 과다공급을 만나며 하락 변곡점이 생겨나게 됩니다. 이러한 모습은 2022년에

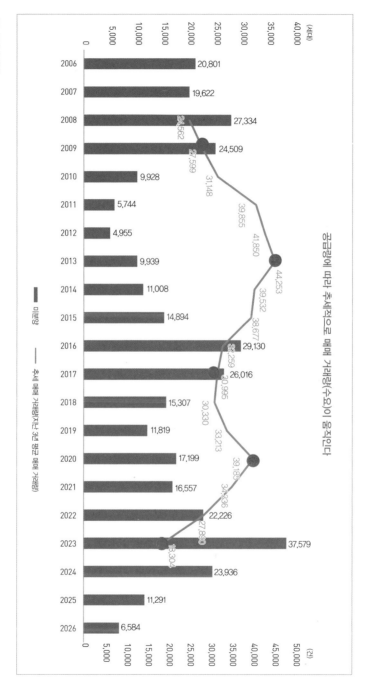

공급량에 따라 추세적으로 매매 거래량(수요)이 움직인다

자료: 한국부동산원

(세대)
40,000
35,000
30,000
25,000
20,000
15,000
10,000
5,000
0

2006　20,801
2007　19,622
2008　27,334　24,562
2009　24,509　27,599
　　　31,148
2010　9,928　39,855
2011　5,744　41,850
2012　4,955
2013　9,939　44,253
2014　11,008　39,532
2015　14,894　38,677
2016　29,130　32,259
2017　26,016　30,995
2018　15,307　30,330
2019　11,819　33,213
2020　17,199　39,185
2021　16,557　34,336
2022　22,226　27,890
2023　37,579　18,304
2024　23,936
2025　11,291
2026　6,584

(건)
50,000
45,000
40,000
35,000
30,000
25,000
20,000
15,000
10,000
5,000
0

■ 미분양
── 추세 매매 거래량(지난 3년 평균 매매 거래량)

도 발생하게 됩니다. 이렇게 추세적으로 움직이는 수요는 결국 과다공급과 과소공급을 만나면서 시장의 변곡점을 만들어냅니다.

〈그림 8-4〉에서 보듯이 입주물량이 적은 시점에서 많은 시점을 지나며 긴 상승과 하락으로 추세적으로 수요가 움직이는 모습을 볼 수 있습니다. 이렇게 긴 시간에 걸쳐 움직이는 수요의 흐름에서 몇 달간 거래량이 증가하고 감소한 것으로 시장의 변곡점을 판단하는 것이 맞는지, 아니면 단기간에 거래량이 늘었다 줄었다 하는 모습에서 변곡점 판단의 근거로 보는 것이 맞는지 생각해 보아야 합니다.

긴 시간이든 짧은 시간이든 매매 거래량과 가격의 움직임은 상관관계가 높은 것은 맞습니다. 하지만 매매 거래량이 앞으로 지속적으로 늘어날지 줄어들지 예측하는 것은 매우 어려운 일입니다. 그러므로 단기간의 변화를 보고 예측하는 것보다는 몇 년을 두고 움직이는 매매 거래량 추세와 입주물량의 흐름을 보고 예측하는 것이 오판을 조금은 줄일 수 있는 방법입니다. 이렇게 추세적 모습을 파악할 때 시장의 방향성을 좀더 제대로 볼 수 있습니다.

결국엔 오르는 집값의 비밀

선행지수, 동행지수, 후행지수

통계의 해석에서 가장 조심해야 되는 것이 동행지수와 후행지수를 마치 선행지수처럼 분석하는 것입니다. 특히 상관관계가 높은 통계일수록 동행지수이거나 후행지수일 가능성이 매우 높습니다. 사실 선행지수로 볼 만한 통계는 거의 없으며, 통계 자체가 결과를 집계한 데이터로 대부분의 통계는 현재의 모습을 그대로 반영한 동행지수이거나 후행지수입니다.

앞에서 살펴본 대구광역시 매매 거래량도 결국은 거래를 한 후 결과로 나온 양이기 때문에 매매가격과 상관관계가 높은 후행 통계입니다. 많은 도시들이 평균 매매 거래량을 넘어서는 연도에 대부분 상승으로 전환한 것을 통계로 확인할 수 있습니다. 가격이 상승해서 거래가 늘었는지 거래가 늘어서 상승했는지에 대한 논쟁이 끊임이 없는 것은 동행지수이거나 후행해서 결과로 나온 것이기 때문입니다.

또한 매수심리지수로 많이 사용하는 매수우위지수 역시 동행지수 통계입니다. 현장의 심리가 그대로 반영되어 있기에 현재의 시장 모습입니다. 현재의 상황을 그대로 반영한 것이라서 거의 동행지수라고 보면 되는 통계인데 '심리'라는 이유로 마치 선행지수 통계처럼 해석해서는 안 됩니다. 이처럼 결과로 나온 통계와 시장의 방향은 전혀 다른 문제입니다.

〈그림 8-5〉는 부산의 매수우위지수와 매매가격 상승률을 나타낸 그래프입니다. 매수우위지수와 거의 같은 시점에 매매가격 상승률도 함께 움직이는 것을 볼 수 있습니다. 거의 동시에 움직였다는 것을 알 수 있는데요. 이는 시장 현장을 그대로 반영한 결과인 것입니다. 그래서 매수

○ 그림 8-5 **부산 매수우위지수와 매매가격 상승률**

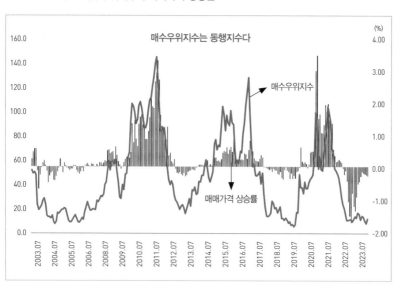

자료: KB부동산

결국엔 오르는 집값의 비밀

우위지수도 시장의 전망을 위해 사용할 수 없습니다. 만약에 선행지수라면 매수우위지수가 먼저 움직이고 매매가격 상승률이 후행해서 움직이는 모습이 되어야 할 것입니다.

이외에도 매매심리지수조차 지금의 상황을 반영한 결과이지 앞으로의 시장 모습을 이야기하고 있지는 않습니다. 결과로 나온 통계들은 모두 동행통계이거나 후행통계라고 보면 될 것입니다.

따라서 2~3년 후를 스스로 판단하고 예측해 볼 수 있는 통계 자료는 입주물량과 인허가물량밖에 없습니다. 결국 공급량 부족으로 나오는 전세부족이나 전세가율 상승 등의 현상들에 거래량과 같은 통계들을 추가하며 보조지표로 사용하는 것이 가장 바람직한 방법입니다.

앞에서 계속 이야기했지만 시장의 흐름은 이렇습니다. 신규공급량이 적어지면 전세매물이 줄어들고 이후 전세수급지수가 올라가면서 전세가격이 상승합니다. 이후 전세가율이 높아지고 이는 매매가격을 밀어올리며 그 결과 매매 거래량이 늘어나고 가격이 상승합니다.

이러한 흐름이 지속적으로 유지되는 것도 결국 공급량이 만든 결과입니다. 이러한 공급량 중에서도 앞으로 다가올 3년 입주물량이 가장 중요한 통계입니다.

〈그림 8-6〉은 부산의 매수우위지수와 매매가격 상승률 그리고 전세수급지수를 나타낸 그래프입니다. 전세수급지수는 공급이 만든 전세환경을 반영합니다. 전세수급지수도 현재의 상황을 반영한 것이기 때문에 다가올 3년의 입주물량을 통해서 미리 전세수급 상황을 예측해 보는 것이 가장 선행해서 시장을 알아가는 방법입니다.

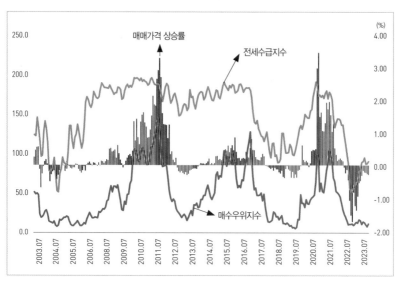

○ 그림 8-6 **부산 매수우위지수와 매매가격 상승률, 전세수급지수**

자료: KB부동산

우리가 보고 있는 거의 모든 통계는 선행해서 시장을 미리 말하는 것이 아니라 현재의 상황을 말하고 있거나 그 결과인 것입니다. 또 가장 잘 맞는 통계가 가장 큰 오판을 내리게 만드는 통계가 될지도 모릅니다.

언제나 통계는 보조지표 정도로 활용해야 하며 결국 스스로 예측하고 판단을 내려야 하는 것입니다.

결국엔 오르는 집값의 비밀

통계 자료는 어떻게 해석하느냐에 따라
다른 결론을 도출할 수 있으므로,
오판을 줄이려면 다양한 지표들을 근거로
추세적 흐름을 파악할 줄 알아야 합니다.

9장

어디에 투자해야 할까

성장하는 지역과
상품에 투자하라

앞으로 부동산시장이 어떻게 바뀌어갈지에 대해 여러 가지 생각이 있을 겁니다. 저성장과 인구감소가 주택시장에 미치는 영향에 대해서 미리 알아둔다면 조금 더 현명한 선택이 가능할 것으로 생각합니다.

지금까지 우리 주택시장은 가격의 등락은 있었지만 꾸준히 성장해왔고 장기적으로 주택을 보유하고 있으면 투자로도 괜찮다는 생각들이 있었습니다. 하지만 최근 몇 년 사이에 장기 전망을 부정적으로 하는 분들이 점차 늘어나고 있습니다. 가장 큰 이유가 한 번도 경험하지 못한 인구감소 문제가 점차 전국적으로 일어나는 현실이 되어가고 있기 때문일 겁니다. 또한 낮은 경제성장률 환경에서 부동산만 고성장을 기대할 수도 없습니다. 부동산 자산의 규모가 점점 커져 높은 상승률을 보이기도 힘든 시대입니다.

그렇다면 우리는 앞으로 어떤 선택을 해야 할까요? 주택시장의 저성장과 함께 수요감소는 지역의 양극화와 상품의 양극화로 이어질 가능성이 높습니다. 부동산시장은 생활 인프라가 잘 조성되어 있는 곳을 중심으로 더욱 집중화될 가능성이 있습니다. 이 같은 현실에서 주목해야 할 것은 우리나라 안에서도 성장성이 높은 도시와 상품입니다.

여기서 성장성이 높은 도시와 상품은 무엇으로 판단을 해야 하는지가 가장 중요한 부분입니다. 그 첫 번째는 임대료 상승률이 높은 지역입니다. 임대료 상승률이 높다는 것은 끊임없이 임대수요가 발생하고 그 임대료의 상승에 의해서 매매가격의 상승도 기대할 수 있다는 의미입니다.

지금도 우리 주택시장은 서울·수도권의 전세가격 상승률이 가장 높고 지방 광역시 그리고 도 단위로 내려가면 더 낮아지는 것을 볼 수 있습니다. 물론 상승의 시기나 공급의 시점에 따라 일시적으로 높은 상승률과 하락도 나오지만 전체적으로 보면 지방의 작은 도시로 갈수록 평균적으로 낮은 임대료 상승률이 형성되어 있습니다.

〈그림 9-1〉은 1987년부터 2023년까지 도시별 평균 전세가격 상승률을 나타낸 그래프입니다. 그림에서 보듯이 서울이 7.83%로 가장 높고, 다음으로 광역시는 6~5%, 도 단위로 가면 4~3%로 형성되어 있습니다. 당연한 이야기라고 생각할 수 있지만, 당연한 것을 너무나 가볍게 생각하는 것인지도 모릅니다. 결국 이러한 전세가격 상승률의 차이가 수도권과 지방의 격차를 벌리면서 양극화가 더욱 심화되는 것입니다.

두 번째는 상품에 종류에 따른 성장성입니다. 선호도가 높은 상품은 지속적으로 수요의 선택을 받으며 매매가격도 상승할 가능성이 높기 때문입니다. 그 중심에는 신축주택과 고급주택이라는 고품질의 주거 상품

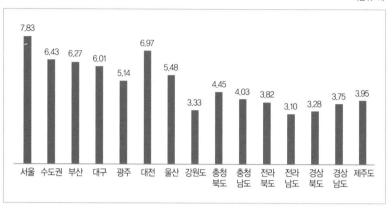

● 그림 9-1 **도시별 평균 전세가격 상승률**

(단위: %)

자료: KB부동산

들이 있습니다. 전체적인 수요의 감소에도 소득이 점차 높아지면 그에 맞게 높은 주거 품질을 요구하는 수요는 꾸준히 생겨나게 됩니다. 그래서 이런 상품들은 전체적인 수요감소와 저성장 시대에도 가격상승을 주도할 가능성이 상당히 높습니다. 그 예로 일본은 부동산의 오랜 침체 속에서도 신축 맨션(아파트)은 꾸준히 가격이 상승해왔습니다.

　우리 주택시장에서도 이와 비슷한 사례가 있습니다. 지방의 인구감소 지역에서도 신축 아파트는 더 높은 상승률을 보이는 것 또한 같은 현상입니다. 지방으로 갈수록 전체 수요가 줄어들기 때문에 선택의 폭이 좁아지면서 나타나는 현상이라고 보입니다. 서울·수도권으로 갈수록 신축과 기축 아파트의 상승률 차이는 덜하고, 도 단위의 작은 도시로 갈수록 차이는 많이 나게 됩니다.

　〈그림 9-2〉는 8개 도의 2012년 1월부터 2024년 1월까지 아파트 연령별 매매가격 상승률입니다. 그래프에서 보듯이 5년 이하 신축 아파트

결국엔 오르는 집값의 비밀

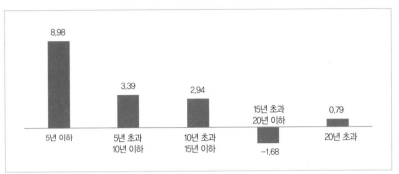

● 그림 9-2 **아파트 연식별 매매가격 상승률**

(단위: %)

8.98 (5년 이하)
3.39 (5년 초과 10년 이하)
2.94 (10년 초과 15년 이하)
-1.68 (15년 초과 20년 이하)
0.79 (20년 초과)

자료: 한국부동산원

가 8.98%로 가장 높은 상승률을 보이고 있습니다. 이처럼 도 단위에 있는 작은 도시들은 벌써 신축 선호 현상이 나타나고 있습니다. 인구감소가 먼저 일어나고 있는 도시들이 신축을 중심으로 더 높은 상승률을 보인다는 것은 높은 주거 품질로 수요가 몰리면서 나온 결과라고 할 수 있습니다.

일본의 오랜 침체 구간에서도 신축 맨션 가격이 상승하고 우리나라도 인구가 감소하는 작은 도시들에서 신축이 선호되는 현상을 보면, 임대료가 상승하고 품질이 높은 신축 아파트에 좀 더 많은 관심을 가져야 할 것으로 보입니다. 작은 도시일수록, 또 인구가 감소하는 지역일수록 이제는 위치나 상품에 좀 더 초점을 맞추어 선택하여야 할 것입니다.

도시의 경쟁력이 약할수록
개별 주택에 집중하라

경쟁력이 있고 잘 알려진 도시들은 대부분 경제가 활발하게 돌아가거나 수요의 이동이 빈번한 곳입니다. 이런 도시들은 끊임없이 수요를 끌어들이고, 이러한 수요에 의해서 실수요나 투자수요도 생겨나게 됩니다.

반면 활력이 떨어지는 도시에서 첫 번째로 확인되는 것이 적은 매매 거래량입니다. 이런 곳들은 인구수 대비 거래량이나 가구수 대비 거래량이 타 도시보다 현저하게 낮은 특성이 있습니다.

〈그림 9-3〉은 인구수 대비 매매 거래율을 나타낸 그래프입니다. 인구가 늘어나거나 제조업을 기반으로 산업활동이 활발하게 이루어지는 도시들은 상대적으로 인구수 대비 매매 거래율이 높은 것을 알 수 있습니다. 천안시, 아산시, 군산시, 거제시는 그 비율이 각각 1.88%, 1.88%, 1.87%, 1.7% 정도이며 안동시, 나주시, 밀양시는 각각 0.93%, 0.77%, 0.76%로 상대적으로 낮습니다. 이처럼 도시가 가지고 있는 경쟁력에

결국엔 오르는 집값의 비밀

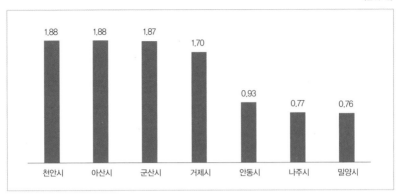

○ 그림 9-3 **인구수 대비 매매 거래율**

(단위: %)

천안시 1.88
아산시 1.88
군산시 1.87
거제시 1.70
안동시 0.93
나주시 0.77
밀양시 0.76

자료: KB부동산, 한국부동산원

따라서 매매 거래량이 인구수나 가구수와 대비해서 차이를 보이게 됩니다.

또 높은 전세가율에 있는 도시와 높은 자가 보유율을 가진 도시 또한 경쟁력이 낮은 곳입니다. 도시 안에서도 서울의 강남, 부산의 해운대구, 대구의 수성구 같은 곳은 자가 보유율이 가장 낮습니다. 이를 단순히 매매가격이 높아서 일어나는 현상이라고 설명하기는 어렵습니다. 끊임없이 수요가 들어오고 그 수요에 의해서 기대수익이 올라가는 환경에서 투자자가 지속적으로 들어오며 만든 것이 낮은 자가 보유율입니다.

도시들을 비교해 보면 서울의 자가 보유율이 가장 낮고 지방의 작은 도시로 갈수록 자가 보유율이 높습니다. 외국의 주요 도시들을 보아도 대부분 핵심 도시들이 자가 보유율이 낮게 형성되어 있는 것은 그만큼 도시의 경쟁력이 있고 높은 성장성을 보고 투자수요가 들어온 결과라고 할 수 있습니다.

이처럼 인구가 감소하는 도시와 늘어나는 도시가 있고, 도시의 위치와 환경에 따라 경쟁력이 다름을 알 수 있습니다. 만약 도시의 경쟁력이 타 도시보다 약한 곳이라면 선택의 폭을 좁혀야 합니다. 이런 도시에서는 위치나 상품에서 경쟁력이 있는 등 그 도시의 평균 상승률보다 높아질 곳을 선택하여야 합니다. 시간이 지날수록 과거와 같이 모두가 상승하고 모두가 하락하는 시장이 아니라, 지역마다 또 아파트마다 차별화가 되며 상승하는 곳과 그렇지 않은 곳이 구분되어 점차 자리를 잡아갈지도 모릅니다.

점점 힘이 떨어질
지방 기축 아파트

주택은 일단 공급이 되면 소비되어 사라지는 것이 아니라 재고주택으로 계속 남아 있기 때문에 누군가가 지속적으로 사용할 때 그 가치를 가지게 됩니다. 지방의 재고주택들이 어떤 평가를 받을 것인지에 대해서 고민해야 되는 시기가 점점 다가오고 있습니다. 전체 재고주택은 계속 쌓여가는 반면 주거수요는 조금씩 줄어가는 시대에 들어서면서 가장 큰 문제가 될 것이 지방에 있는 노후화된 주택들입니다.

지금도 지방은 오래된 빌라에 대한 수요는 거의 없을 정도이고, 이제는 기축 아파트의 수요가 어떻게 될지가 초미의 관심사가 아닐 수 없습니다. 이런 현상은 지방 기축 아파트들의 가격 흐름을 보면 보다 명확하게 드러나는데요. 보통 아파트 가격이 하락하면 3년이나 4년 전 가격으로 돌아가게 됩니다. 선호도가 떨어지는 오래된 아파트의 경우는 10년 전 가격으로 돌아가는 경우도 있습니다.

자료: 호갱노노

〈그림 9-4〉는 지방에 있는 25년 차 아파트의 실거래가 변화를 보여주고 있습니다. 그림에서 보듯이 가격 등락폭이 상당히 큰 것을 알 수 있습니다. 2024년 1월 1억 5,200만 원에 거래가 되었는데, 이는 2013년 5월 가격과 같은 수준입니다. 2006년 6월에는 1억 원 근처에서 거래되었고 이후 계속 상승하여 2012년에 1억 7,000만 원으로 고점까지 갔다가 하락하여 2019년 10월에 다시 1억 원 근처로 돌아갔습니다. 이후 2024년 1월에는 11년 전 가격으로 돌아간 것이고요.

물론 지방의 오래된 아파트가 모두 이와 같은 가격 흐름을 보이는 것은 아닙니다. 위치나 입지가 좋은 곳 그리고 재건축이 가능한 곳들은 가격 흐름이 좋은 곳도 많습니다. 하지만 확률적으로 지방의 기축 아파트로 갈수록 수요감소와 상품 경쟁력에서 오는 가격의 등락이 과하거나 시장의 평균 상승률을 따라가지 못할 수 있습니다.

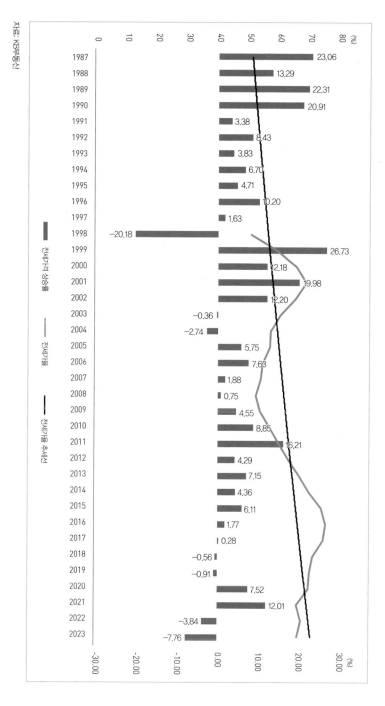

자료: KB부동산

범례: 전세가격 상승률 | 전세가율 | 전세가율 추세선

지방에서는 이미 빌라에 대한 수요가 급감해서 신규수요를 찾아볼 수 없듯이 앞으로 지방 도시들에서 기축 아파트에 대한 수요 또한 줄어들 가능성이 높습니다. 점차 힘이 떨어지고 경쟁력이 약화되고 있다고 보아야 할 것입니다.

참고로 우리나라 전체 주택시장의 성장 둔화를 알 수 있는 것은 전세가율이 장기적으로 움직이는 모습입니다. 〈그림 9-5〉는 우리나라의 전체 전세가격 상승률과 전세가율입니다. 전반적인 흐름은 전세가격 상승률이 낮아지고 있고 전세가율은 등락은 하지만 우상향하고 있습니다. 우리나라 전체 주택시장도 점점 성숙해 가는 과정임을 간접적으로 보여주고 있는 것입니다.

미분양은 언제나 기회의 상품

우리나라 주택시장에서는 아파트라는 주거 형태와 전세라는 임대 제도로 만들어진 투자환경이 대규모 공급을 할 수 있는 배경이 되었습니다. 시세차익이 아닌 월세가 주류인 임대시장에서는 철저하게 투자수익률 안에서 공급이 이루어지게 됩니다.

시세차익은 많은 투자자의 유입을 만들며 이는 미분양의 부담을 상대적으로 낮추게 됩니다. 입주단지마다 전세물량이 많이 나오는 것은 투자자들이 시세차익이 있다고 판단한 것입니다. 월세가 임대시장의 주류로 자리를 잡았다면 선분양이 어렵습니다. 후분양인 경우도 입주 시점의 월세수익을 예측해야 하기에 투자자 입장에서 월세만 생각하고 분양을 받는다는 것은 거의 불가능합니다.

투자금이 큰 주택시장에서 적은 월세수익을 기대하고, 또 3년 뒤의 시장을 예측해서 투자한다는 것은 매우 어려운 일입니다. 시세차익이라는 시장환경이 있기에 기축 아파트에서 갈아타는 수요도 생기며 투자자도 같이 참여하여 분양시장이 커지는 것입니다. 건설사 입장에서도 대규모 공급에 대한 리스크가 월세시장보다는 적어집니다. 전세라는 제도가 대규모 공급에도 영향을 주었던 것입니다.

〈그림 9-6〉은 서울 아파트 연도별 미분양 통계입니다. 과거를 돌아보면 서울에 미분양이 많았던 시기는 1998년에서 2000년 즈음 그리고 2008년에서 2013년까지입니다. 미분양이 급증하고 매매가격이 상승하면 대부분 미분양은 빠르게 감소하는 것을 볼 수 있습니다. 미분양된 물량이 상승기와 함께 신축 아파트로서 더 크게 상승하는 것입니다. 이처럼 미분양 아파트는 모든 것을 다 떠나 신축이라는 장점으로 언제나 시간이 지나면 기회의 상품이었습니다. 이는 서울에만 해당되는 이야기는 아닙니다.

지난 2022년은 부동산시장이 침체되며 지방을 중심으로 미분양이 크

○ 그림 9-6 **서울 연도별 미분양 아파트**

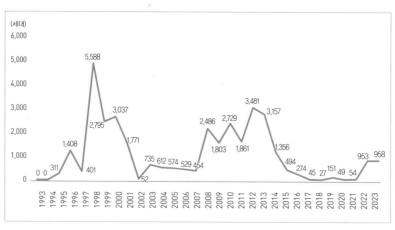

자료: 국토교통부 통계누리

결국엔 오르는 집값의 비밀

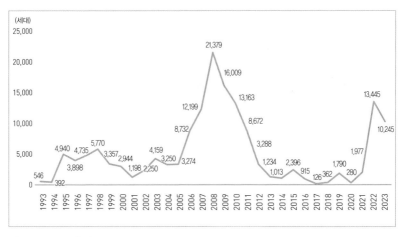

○ 그림 9-7 대구 연도별 미분양 아파트

(세대)

자료: 국토교통부 통계누리

게 증가하였습니다. 지방에서 가장 미분양이 많았던 대구도 똑같았습니다. 시장 상황이 바뀌면 미분양이 좋은 기회가 되었던 것입니다.

대구에서 지방 중 가장 많은 미분양이 발행했던 시기가 2008년의 금융위기와 과다공급이 맞물렸던 시기로 총 2만 1,379세대였습니다. 이렇게 많은 미분양도 신규공급이 감소하고 시장환경이 좋아지면서 빠르게 줄어들고, 미분양이었던 아파트들도 가격이 크게 상승하게 됩니다. 결국 공급이 줄면 신축 아파트 선호 현상이 나타나며 좋은 입지의 미분양 아파트는 기회의 상품이 되는 것입니다.

최근 인플레이션의 영향으로 인건비와 자재가격이 상승하면서 분양가가 계속 오르고 있습니다. 땅값이 떨어지지 않는 한 낮은 분양가로 신규 아파트를 새로 공급하기는 어려운 환경일 것입니다. 그래서 최근의 미분양은 과거보다 더 큰 기회의 상품일지도 모릅니다.

강남 불패보다 불편한
강남 월세의 고공행진

부동산 상승기에서 하락기로 접어들 때면 '강남 불패'라는 용어가 한 번씩은 꼭 등장하는 것 같습니다. 강남이라고 영원할 수는 없겠지만 지금까지 우리나라 주택시장에서 강남은 상징적인 의미가 크기 때문에 많은 이들이 관심을 가지는 대상인 곳은 분명합니다. 그 배경에는 뛰어난 입지환경과 높은 가격 상승률, 최고급 하이엔드 주택들이 있기 때문입니다.

사실은 강남 불패보다 더 불편하게 생각해야 될 것이 앞으로 다가올 월세시장입니다. 이제는 전세가 아니라 월세가 기본 임대 형태가 될 것입니다. 강남은 전국에서 가장 낮은 전세가율과 낮은 전월세 전환율이 형성되어 있습니다. 이는 성장성이 반영되어 임대료(전세) 상승률의 일정 비율이 매매가격으로 미리 반영되어 있기 때문입니다. 이 부분은 앞에서도 이미 심도 있게 다룬 내용입니다.

상식적으로 자산 규모가 커지면 가격의 변동성은 낮아지고 성장이 둔

결국엔 오르는 집값의 비밀

화됩니다. 경제 규모가 커지면 경제성장률이 둔화되는 것과 같습니다. 성장이 둔화되는 만큼 임대 형태는 전세에서 월세로 이동하게 됩니다. 물론 강남은 가장 성장성이 좋은 곳이지만 이런 흐름에서 예외일 수 없습니다.

보통 월세수익률을 자본환원율 개념으로 계산하면, 강남 전세가율이 2023년 말 기준 46.8%이고 전월세 전환율이 4.6%이니 2.15%의 매매가 대비 월세수익률이 나옵니다. 실제 현장에 가면 2.15%보다 낮은 수익률로 월세가격이 책정되어 있는 경우도 많습니다. 기준금리보다 낮은 수익률이기에 전혀 이해가 되지 않지만 이런 낮은 수익률을 용인할 수 있는 것은 시세차익이 매매가격에 선반영되어 있기 때문입니다.

월세가 꾸준히 상승한 미국이나 다른 선진국에서는 실제로 매매가격의 변동성은 낮고 높은 월세가격이 형성되어 있습니다. 우리나라는 월세가격의 변동성은 낮고 낮은 월세가격이 형성되어 있는 반면 매매가격은 다른 선진국에 비해 높은 편입니다. 지금 우리 주택시장은 점차 성숙해 가는 단계여서 전세에서 월세로 이동하는 과도기로 보고 있습니다. 완전한 월세로 간다는 것은 그만큼 매매가격의 변동성이 낮아졌다는 의미가 되며, 높은 월세환경이 되었다는 의미이기도 합니다.

최근 전세사기 이후 빌라나 오피스텔에서 월세가격이 큰 폭으로 오르고 있는데요. 빌라의 매매가격 성장이 정체되어 월세로 바뀌면서 나타나는 현상입니다. 빌라같이 급격한 변화는 없겠지만 강남 아파트도 천천히 월세화가 진행되며 높은 월세가가 형성될 가능성이 매우 높습니다. 그렇다면 최소한의 수익률, 즉 월세수익률은 어느 정도가 되어야 할

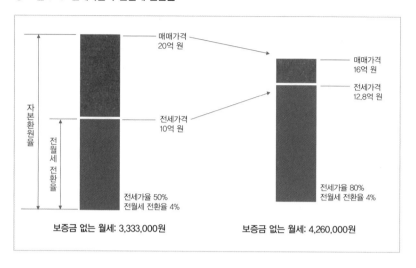

까요? 지난 2020년 기준금리는 0.5%로 최저 수준이었지만 서울은 4%
의 전월세 전환율이 유지되었습니다. 수익률이 최소한 4%는 되어야 된
다는 뜻도 됩니다.

　가까운 일본은 마이너스 금리에서도 월세수익률이 꽤 높게 책정되어
있는데, 월세가격에는 비용과 함께 리스크도 포함되어 있기 때문입니
다. 특히 오피스텔처럼 매매가격이 잘 성장하지 않는 상품에서는 매매
가격과 전세가격이 거의 비슷하며 이미 월세수익률이 높게 형성되어 있
습니다. 이런 상품들은 전월세 전환율이나 자본환원율(월세수익률)이 거
의 비슷합니다. 성장성이 둔화되어 있는 지방 아파트에서도 비슷한 현
상을 볼 수 있습니다. 또한 현재 빌라와 오피스텔의 월세가 큰 폭으로
오르는 이유도 여기에 기인합니다.

　성장이 둔화되는 현상이 강남에서 일어난다면 어떻게 될까요? 〈그림

9-8〉은 전세에서 월세로 이동하는 과도기에 있는 우리 주택시장에서 나타날 현상을 가정해 본 것입니다. 매매가격이 20억 원인 아파트에 전세가격이 10억 원에 형성되어 전세가율 50%를 유지하고 있다고 가정하면, 이는 높은 성장성에서 나온 전세가율이 됩니다.

만약 강남의 아파트가 성장이 둔화되어 20억 원 하던 아파트가 20% 하락으로 매매가격이 16억 원이 되었고, 그 사이 전세가격은 조금씩 상승하여 지방의 아파트처럼 전세가율이 80%까지 올라 12억 8,000만 원이 되었다고 가정한다면, 월세가격은 어떻게 변하게 될까요?

전월세 전환율이 가장 낮았던 시기의 4%를 기준으로 전세가율이 50%일 때와 80%일 때를 보면 월세가격은 333만 3,000원에서 426만 원으로 28% 상승하게 됩니다. 이처럼 성장이 둔화되고 월세로 가는 과정에서 월세가격은 필연적으로 상승하게 됩니다.

현실의 강남은 〈그림 9-8〉의 예보다 훨씬 고가인 아파트들이 많습니다. 이런 아파트들이 월세화된다면 강남 불패보다 더 불편한 현실은 월세의 고공행진일 수도 있습니다.

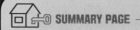

집값 오르는 원리 2

1. 인구감소, 즉 수요감소는 반드시 공급감소를 동반합니다. 소비자들이 요구하지 않는 상품을 지속해서 만들어낼 수 없기 때문입니다. 이렇게 시장은 스스로 균형을 찾아갑니다. 그러므로 일시적인 가격 하락은 일어나도 지속적으로 가격이 하락하기는 어렵습니다.

2. 월세화는 필연적인 현상입니다. 시장이 성숙하면 매매가격 상승률이 낮아지고 시세차익이 나지 않는 상품으로 바뀌기 때문입니다. 결국 시세차익형이 아닌 임대수익형인 월세 상품의 비중이 높아지고 주요 임대 형태로 자리를 잡게 됩니다. 전세가 완전히 사라지지는 않겠지만 앞으로는 월세가 주를 이루게 될 것입니다.

3. 통계는 어떻게 해석하는가에 따라 전혀 다른 결론을 도출합니다. 통계의 해석에서 가장 조심해야 할 점은 동행지수와 후행지수를 마치 선행지수처럼 분석하는 것입니다. 거의 모든 통계는 선행해서 시장을 미리 말하는 것이 아니라 현재의 상황을 말하고 있거나 그 결과입니다. 통계는 보조지표 정도로 활용해야 하며 결국은 스스로 판단을 내려야 합니다.

4. 성장하는 도시인지 아닌지는 전세가격 상승률을 통해서 알 수 있습니다. 전세가격의 성장은 인구의 증가, 가구수의 증가 그리고 그 도시가 가지고 있는 성장환경에서 비롯됩니다. 성장환경이란 일자리, 관광, 학군과 같은 요소로 새로운 수요가 생겨날 수 있는 도시의 경쟁력이기도 합니다. 이러한 요인들에 의해 전세가격 성장이 이루어지면 해당 도시의 매매시장도 지속적으로 성장하게 됩니다.

5. 만약 도시의 경쟁력이 타 도시보다 약한 곳이라면 선택의 폭을 좁혀야 합니다. 즉 위치가 좋거나 상품에 경쟁력이 있어 그 도시의 평균 가격 상승률보다 높아질 곳을 선택하여야 합니다. 시간이 지날수록 과거와 같이 모두가 상승하고 모두가 하락하는 시장이 아니라, 지역마다 또 아파트마다 차별화되며 상승하는 곳과 그렇지 않은 곳이 점차 자리를 잡게 될 것입니다.

10장

지역별 부동산 분석

수도권 부동산 분석

이번 장에서는 시장을 분석하는 핵심 도구를 가지고 지역별 시장 전망을 해보도록 하겠습니다.

1990년 전후 1기 신도시를 시작으로 많은 도시들이 아파트를 주요 주거 형태로 선택하면서 주거환경도 어느 정도 자리를 잡게 됩니다. 이러한 과정을 거치며 도시들은 지역의 환경과 특성을 완성하였습니다. 이러한 도시의 특성이 반영되어 수요가 만들어지고 부동산의 가격과 가치가 형성됩니다.

금리의 변동성이 큰 시기를 지나고 이제는 본격적으로 공급의 변화에 따라서 가격 변화가 일어날 수 있는 시기로 들어서고 있습니다. 이런 시점에서 지역마다 공급량을 기초로 하여 시장을 전망하고 분석해 보도록 하겠습니다.

첫 번째로 살펴볼 지역은 우리나라에서 가장 많은 인구가 거주하고

결국엔 오르는 집값의 비밀

있고 가장 관심 있어 하는 수도권입니다. 2022년 이후부터 시장 전망이 가장 많이 나뉜 곳이기도 합니다. 그만큼 시장 전망이 어렵다는 증거겠지요.

먼저 수도권의 가장 큰 특징은 한 번의 사이클이 긴 상승과 긴 하락으로 이루어진다는 것입니다. 그렇다면 왜 이렇게 긴 사이클이 나오는 것일까요? 바로 도시의 규모에서 나오는 수요와 공급의 불일치 시간 때문입니다. 긴 시간에 걸쳐 수급환경이 깨지고 긴 시간에 걸쳐 다시 균형을 찾아가며 나타난 현상입니다.

공급에 의해 긴 상승과 긴 하락이 만들어지는 과정에서 시장의 변화를 가장 잘 대변하고 있는 것이 전세가율과 매매 거래량의 변화입니다. 우선 전세가율로는 공급에 의한 수익률과 전세가격의 변화를 통해 주거 안정을 찾아가는 모습을 간접적으로 볼 수 있습니다. 또한 매매 거래량의 변화로는 수요가 늘어나고 있는지 줄어들고 있는지를 판단하고 수요의 큰 흐름이 어떻게 움직이고 있는지를 볼 수 있습니다.

〈그림 10-1〉은 수도권의 연도별 입주물량입니다. 수도권에 공급된 물량을 중심으로 수요를 간접적으로 분석해 보겠습니다. 1991년부터 2025년까지 평균 입주물량은 16만 5,605세대입니다. 이는 시장에서 스스로 수급의 균형을 찾아간 공급량이라고 할 수 있습니다. 여기에 평균 미분양을 제외하면 15만 세대 정도가 아파트에 입주하면서 지속적으로 시장에 영향을 주었다고 할 수 있습니다.

이렇게 긴 시간에 걸쳐 누적된 공급량으로 상승과 하락의 긴 사이클이 만들어집니다. 〈그림 10-1〉을 보면 1기 신도의 입주 시점인 1990년

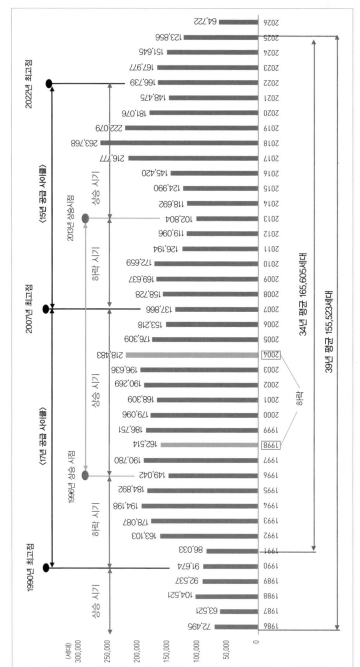

● 그림 10-1 수도권 공급 사이클

자료: 한국부동산원

결국엔 오르는 집값의 비밀

에 가격지수가 가장 고점이었고, 다음 고점인 2007년까지 17년에 걸쳐 상승과 하락의 사이클을 만들게 됩니다. 또한 상승 시작점인 1996년에서 다음 상승 시작점인 2013년까지 17년의 시간이 걸렸습니다. 과거의 공급 사이클과 똑같다고 가정하면 2024년이 하락의 시작점이 됩니다. 하지만 하락은 2022년 중반부터 시작되었고 2023년 초부터 상승하다가 하반기에 침체, 2024년 3월까지 국지적인 상승과 하락이 나타나고 있습니다.

전체의 큰 흐름을 보는 데 가장 좋은 것은 전세가율의 움직임입니다. 전세가율은 공급의 누적으로 인해 단기적으로는 전세수급의 영향을 받고, 전세수급지수와 전세가율은 점차 같이 가게 됩니다. 전세가율의 움직임은 공급의 누적 현상에서 비롯되지만, 투자수요의 증가와 감소라는 수익률 환경을 보여주기도 합니다.

〈그림 10-2〉는 수도권의 전세가율과 전세수급지수의 큰 흐름입니다. 전세수급지수는 그해 공급량에 따라 단기 변동성이 큰 것을 볼 수 있습니다. 반대로 전세가율은 단기 변동성은 거의 없고 추세적으로 상승과 하락을 하는 모습을 보이고 있습니다. 그런데 전세수급지수도 최저점을 연결해 보면 전체적인 큰 흐름은 전세가율과 비슷하게 나오는 것을 알 수 있습니다.

결국 공급의 누적으로 전세수급의 변화가 누적되어 전세가율이 된다는 것을 알 수 있습니다. 높은 전세가율에서 낮은 전세가율로의 변화는 수익률이라는 투자환경의 변화가 되어 투자자 그리고 실수요자의 중감에 영향을 주고, 그 결과는 매매 거래량으로 나타납니다.

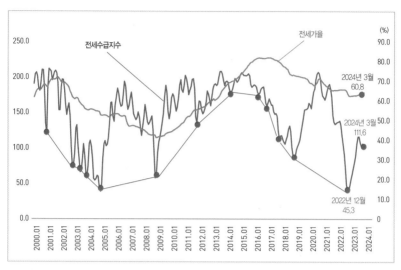

● 그림 10-2 **수도권의 전세가율과 전세수급지수**

자료: KB부동산

　수도권의 전세가율은 2024년 2월 기준 60.5로 지난 2013년의 상승기 시작 시점과 비슷한 환경에 있습니다. 그리고 전세수급지수는 2022년 12월 최저점을 지나 상승으로 돌아서고 있어 다시 상승환경을 만들어가는 과정으로 분석할 수 있습니다.

　마지막으로 매매 거래량의 추세로 수요의 큰 방향을 예측해 볼 수 있습니다. 〈그림 10-3〉은 수도권의 지난 3년 매매 거래량의 평균과 연도별 입주물량입니다. 매매 거래량의 긴 움직임은 수요가 움직이는 모습이라고 보시면 됩니다. 물론 1년 동안의 거래량은 늘었다 줄었다 할 수 있지만 결국 매매 거래량도 수요이기 때문에 긴 시간에 걸쳐서 수요가 늘었다 줄었다 반복하는 것을 볼 수 있습니다.

　긴 시간에 걸쳐 수요가 움직이는 모습을 가장 잘 보여주는 곳이 수도

결국엔 오르는 집값의 비밀

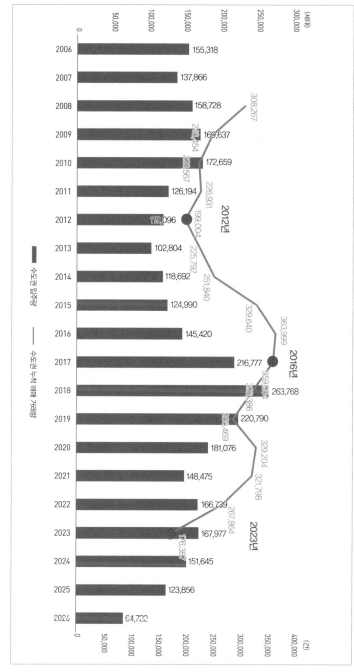

자료: 한국부동산원

권입니다. 규모가 큰 도시에서 수요가 사라지고 다시 모이는 과정을 보여주기 때문입니다. 〈그림 10-3〉에서 보듯이 2012년에 매매 거래량이 최저점을 지나 상승 추세를 보여 2017년에 최고점에 도달하였고, 이후 임대차 3법 영향으로 2021년 매매 거래량이 크게 증가하였지만 떨어지는 추세임을 볼 수 있습니다.

또 2016년은 전세가율도 가장 높은 시기였기에 2016년을 기점으로 전세가율은 떨어지고 매매 거래량도 점차 줄어들고 있는 것을 알 수 있습니다. 높은 전세가율은 투자환경을 점점 훼손하며 여기에 맞추어서 매매 거래량도 감소하고 있는 것으로 판단해 볼 수 있습니다. 즉 수요의 부진이 여전히 진행 중이라고 할 수 있습니다.

이처럼 여러 요인을 통해 수도권의 환경을 분석해 보면, 누적된 공급으로 인해 전세가율은 과거 상승 시작점과 비슷한 환경에 있습니다. 또한 전세수급지수는 2022년 12월을 바닥으로 현재 상승하고 있는 단계입니다.

평균 이상의 매매 거래량으로 반등하기에는 시간이 더 필요해 보입니다. 낮은 전세수급지수가 올라가고 다시 전세가율을 높여 매매 거래량을 증가시키기에는 아직 부족하다고 판단해 볼 수 있습니다. 수도권은 공급량이 줄어들고 있지만 이에 따라 전세가율이 올라가고 전세수급지수가 높아지기까지는 시간이 필요해 보입니다.

지금은 상승과 하락이 공존하고 있어 상승환경에 도달하지 못한 상태이며 차후 입주물량과 전세수급지수, 전세가격의 상승폭에 따라 방향이 정해질 것으로 봅니다. 당분간은 상승과 하락이 혼재된 시장이며, 내부에서는 전세수급지수와 전세가율이 올라가며 상승환경을 만들어가고 있는 시점이라고 할 수 있습니다.

부산 부동산 분석

지방의 주택시장에서 가장 관심이 높은 지역은 부산광역시입니다. 부산은 도시의 경쟁력을 갖추고 있으며 지방에서 가장 많은 인구를 보유 중이고 경남지역에서 중심 역할을 하며 여전히 건재합니다. 그럼에도 부산도 지방의 대부분 도시들처럼 인구감소 문제에서는 자유로울 수 없는 게 현실입니다.

지방의 도시와 서울·수도권의 가장 중요한 차이는, 지방은 공급이 영향을 미치는 시간에 의해 짧은 사이클을 만든다는 것입니다. 이 사이클을 만드는 과정에서 가장 큰 힘을 발휘하는 것이 3년 누적 공급량(입주물량)입니다. 3년 누적 공급량을 기반으로 지방의 부동산시장을 분석하면 가장 높은 확률로 제대로 판단할 수 있습니다. 지방은 수도권보다 좀 더 단순해서 공급이 주가 되고 다른 변수들은 긴 시간에 걸쳐 영향을 미치지 못한다는 특성이 있습니다. 그래서 지방으로 갈수록 공급에 집중해서 시장을 분석하는 것이 좋습니다.

〈그림 10-4〉는 부산의 연도별 입주물량과 매매가격 상승률입니다. 그림에서 보듯이 부산은 공급량에 따라 하나의 사이클을 만들며 상승과 하락이 어느 정도 맞게 나오는 것을 볼 수 있습니다. 부산의 경우 1기 신도시 입주 시점인 1991년부터 2026년까지 평균 공급량은 2만 3,000세대입니다. 이 정도의 물량이면 수급의 균형점을 찾았다고 보고 이 정도의 수요가 있다고 판단해 볼 수 있습니다.

이를 기준으로 3년 누적 공급량보다 공급이 많은 시점과 적은 시점에서 변곡점이 발생하는데요. 지난 하락의 변곡점을 만든 시점은 1991년으로, 1기 신도시 입주 시점에서 1993년까지 평균 입주물량은 2만 6,210세대였습니다.

두 번째 하락 시점은 2004년이었습니다. 2004년에서 2006년까지 평균 입주물량은 3만 2,267세대였고 평균 공급량보다 입주물량이 많았던 2004년에 변곡점이 발생하였습니다. 2018~2020년 역시 평균 공급량이 2만 6,381세대로 입주물량이 많았던 시기입니다. 이렇게 3년 누적 공급량이 많았던 시기의 첫해인 1991년과 2004년 그리고 2018년에 각각 하락의 변곡점이 발생합니다.

상승의 변곡점은 3년 누적 공급량이 보다 적은 시점에서 생기는데요. 이를 살펴보면 1999~2001년 평균 입주물량은 1만 7,088세대로 평균 입주물량보다 적습니다. 특히 평균 입주물량보다 적게 시작하는 첫해인 1999년에 상승의 변곡점이 생깁니다. 2007~2009년 평균 입주물량도 1만 3,939세대밖에 되지 않아 2007년에 상승 변곡점이 생겨나게 되고

◎ 그림 10-4 부산의 공급량으로 보는 상승과 하락의 변곡점

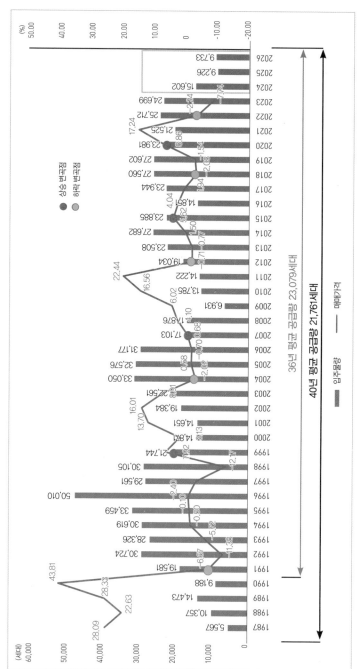

자료: KB부동산

결국엔 오르는 집값의 비밀

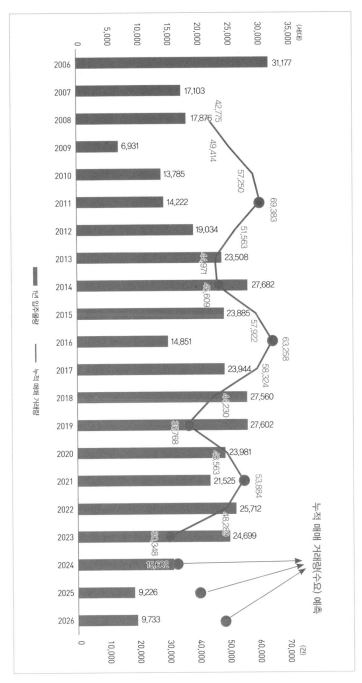

○ 그림 10-5 부산의 입주물량과 누적 매매 거래량

자료: KB부동산

누적 매매 거래량(수요) 예측

1년 입주물량

누적 매매 거래량

2006 31,177
2007 17,103
2008 17,876 42,775
2009 6,931 49,414
2010 13,785 57,250
2011 14,222 69,383
2012 19,034 51,563
2013 23,508 44,971
2014 27,682 45,609
2015 23,885 57,922
2016 14,851 63,258
2017 23,944 58,324
2018 27,560 44,230
2019 27,602 35,768
2020 23,981 43,563
2021 21,525 53,884
2022 25,712 48,289
2023 24,699 30,348
2024 15,602
2025 9,226
2026 9,733

● 그림 10-6 부산의 전세가율과 전세수급지수

자료: KB부동산

2008년 금융위기 상황에서도 상승을 이어가게 됩니다.

　2024~2026년 평균 입주물량은 1만 1,561세대로 과거 부산이 상승의 힘을 키워가던 2007~2009년 상승기보다도 더 적은 평균 입주물량이 예정되어 있습니다. 공급을 보면 상승할 수 있는 아주 좋은 환경에 놓여 있다고 할 수 있습니다.

　〈그림 10-5〉의 누적 매매 거래량을 통해 수요의 움직임을 보면 지방의 특성인 짧은 사이클이 그대로 나타납니다. 3~4년 정도의 기간에 매매 거래량이 증가와 감소를 반복하고 있습니다. 또 지방은 수도권과 달리 공급이 없는 구간에서 어김없이 거래량이 늘어나는 것을 볼 수 있습니다. 부산은 누적 평균 매매 거래량이 최고점을 찍은 2021년을 기점으로 2023년까지 거래가 줄어드는 추세였습니다.

결국엔 오르는 집값의 비밀

하지만 2024년부터는 입주물량도 적으며, 2021년 최고점 시기에서 매매 거래량이 줄어든 지 3년 차에 접어드는 구간으로 수요도 어느 정도 모여 있을 것으로 판단해 볼 수 있습니다. 앞으로 다가올 적은 입주물량으로 판단해 보면 매매 거래량은 점차 늘어날 것으로 예상할 수 있습니다.

다음으로는 현재의 시장환경과 전체 흐름에서 어떤 위치에 있는지를 가장 잘 보여주는 전세가율과 전세수급지수를 확인해 볼까요. 〈그림 10-6〉을 보면 부산의 전세가율은 2016년 10월 69.7을 최고점이자 기점으로 떨어지기 시작하여 2021년 60.8로 떨어지고, 바닥에서 반등하여 2024년 3월 63.1까지 상승합니다.

또 전세수급지수는 2020년 10월 186.4를 최고점으로 2023년 1월에는 50.3까지 떨어졌고 2024년 3월 95.9를 시작으로 반등하고 있습니다. 부산 내부의 수급환경은 여전히 좋지 않지만 전세가율과 전세수급지수 모두 바닥을 벗어나 있는 것을 확인할 수 있습니다.

이를 종합해 보면 부산은 2023년 1월을 바닥으로 점차 좋은 환경을 만들어가고 있는 것으로 보입니다. 2024~2026년 3년 누적 공급량(입주물량)이 감소하여 상승환경을 만들어갈 가능성이 큽니다.

또한 과거 사례에서 보듯이 3년 누적 공급량이 적은 시점에는 상승 변곡점이 발생할 가능성이 매우 높다고 할 수 있습니다. 부산은 짧게는 1~2년 안에 긍정적인 시장환경으로 진입하여 매매가격이 상승으로 돌아설 가능성이 높은 곳입니다.

대구 부동산 분석

2024년 기준으로 지방 광역시 중에서 부동산시장이 가장 좋지 않는 곳은 대구광역시입니다. 전국에서 미분양이 가장 많이 쌓여 있는 것만 보아도 시장이 어느 정도 침체되어 있는지 짐작할 수 있습니다. 대구광역시는 금리 상승기 이전에 벌써 과다공급을 만나 하락과 함께 침체 국면으로 들어서고 있었습니다. 그 사이 금리상승과 과다공급의 환경을 만나며 더 큰 어려움을 겪고 있는 곳입니다.

하지만 2025년부터는 오히려 공급부족으로 긍정적인 신호가 나올 가능성이 매우 높습니다. 또한 충분히 가격도 하락하였고, 타 도시보다 낮은 가격대의 분양권과 매물들이 수요를 끌어들일 수 있는 매력적인 환경이기 때문입니다. 2008년 금융위기 당시에도 대구는 미분양이 급증하고 매우 어려운 시장이었지만 위기의 크기에 비례해 공급도 급감하며 다시 상승으로 전환되었습니다. 물론 과거와 똑같은 패턴이 될지는 미

결국엔 오르는 집값의 비밀

지수이나 2025년 이후에도 공급이 급격히 감소하여 차후 어떻게 될지 관심 대상인 지역입니다.

광역시 중에서도 수요와 공급이 가장 잘 맞는 도시가 대구입니다. 외부와 단절된 형태로 도시가 형성되어 있기에 지역 내에서 주거지를 해결해야 되는 특성이 있습니다. 이러한 이유로 비교적 수급이 잘 맞습니다. 〈그림 10-7〉은 대구의 연도별 공급량(입주물량)과 가격 상승률을 나타낸 그래프입니다. 평균 공급량은 1만 7,000세대 정도이며 이 정도의 수요가 시장에 있다고 판단해 볼 수 있습니다.

과거 사이클에서 상승 시기의 공급량 그리고 변곡점이 생겼던 시기를 통해 2024년 이후의 시장을 간접적으로 예측해 볼 수 있습니다. 지방의 경우 변곡점의 판단에서 가장 중요한 것이 3년 누적 공급량이라고 했습니다.

먼저 하락 시기인 1991~1993년의 3년 누적 공급량은 2만 801세대로 과다공급이 시작되는 첫해인 1991년에 변곡점이 발행하게 됩니다. 또 2006~2008년, 2016~2018년, 2022~2024년 모두 3년 누적 공급량이 많은 시기이며 각각 2006년, 2016년, 2022년에 하락 변곡점이 발생합니다.

반대로 3년 누적 공급량이 적어지는 첫해에는 어김없이 상승 반전을 하는데요. 1999~2001년은 1만 4,114세대 그리고 2010~2012년은 6,875세대, 2018~2020년은 1만 4,775세대로 3년 누적 공급량이 평균 공급량보다 작은 시기에서 상승 변곡점을 만들어냅니다.

이를 기준으로 2024년의 공급환경을 보면 여전히 공급량은 많은 해

● 그림 10-7 대구의 공급량으로 보는 상승과 하락 변곡점

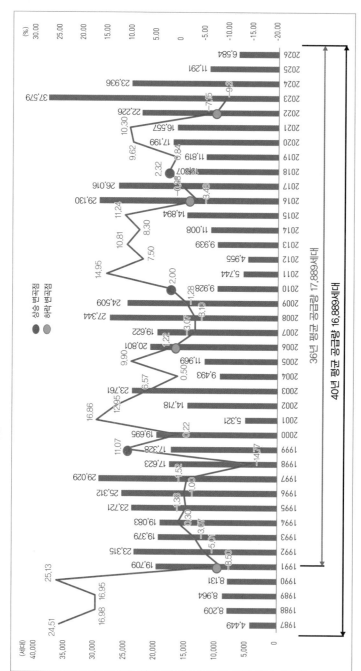

자료: KB 부동산

결국엔 오르는 집값의 비밀

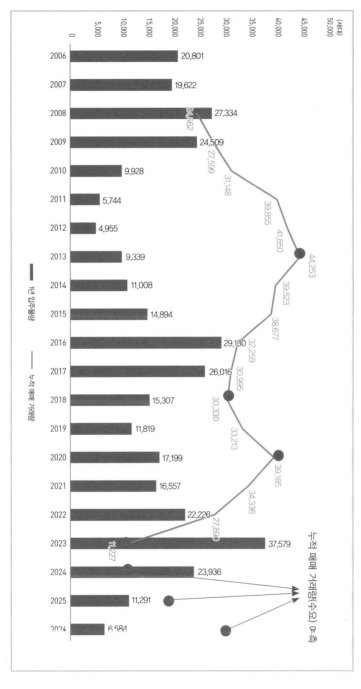

자료: 한국부동산원

이나 2025년부터 공급량이 급격하게 적어지는 것을 볼 수 있습니다. 그래서 2024년 하반기를 지나면 본격적인 공급감소 환경으로 진입하며 시장이 상승 영향권에 들어갈 것으로 보고 있습니다. 즉 2024년이 가장 저점일 가능성이 높은 해라고 할 수 있습니다.

공급 측면에서는 2023년을 마지막으로 가장 힘든 시기가 지나가고 있습니다. 그렇다면 수요 측면에서는 매매 거래량이 어떻게 움직이고 있는지 확인해 보겠습니다. 〈그림 10-8〉을 보면 입주물량이 적은 시점에 매매 거래량이 증가했다가 감소했다가 하는 것을 알 수 있습니다. 전체적으로 큰 흐름은 2013년에 가장 많은 매매 거래량을 기록한 이후 점차 하락하여 2018년에 최저점을 지나 2020년에 다시 최고점을 기록하고 점차 줄어들어 2023년에 최저점에 도달해 있습니다.

다가오는 2025년을 기점으로 해서 급속하게 입주물량이 줄어들고 있기에 매매 거래량은 점차 늘어날 가능성이 있어 보입니다. 그러므로 2024년보다는 2025년에 좀 더 상승하기 좋은 환경에 진입할 것으로 예상됩니다. 2024년 이후로 갈수록 시장의 환경이 좋아질 가능성이 높습니다.

마지막으로 전세수급지수와 전세가율을 통해서 시장 내부의 수급환경이 어느 정도인지 확인해 볼 수 있습니다. 〈그림 10-9〉를 보면 전세가율이 최고점이었던 때는 2017년 6월로 76.1이었고 이후 지속적으로 하락하여 24년 3월 68.2까지 떨어져 있습니다. 전세수급지수는 2020년 10월에 197.1로 최고점을 기록하고 2023년 1월 34.3까지 떨어지며 최저점을 통과하여 2024년 3월에는 71.5까지 상승한 상태입니다.

● 그림 10-9 **대구의 전세가율과 전세수급지수**

자료: KB부동산

부산과 다르게 2024년의 대구는 여전히 공급량이 많은 관계로 전세가율이 반등하지 못하고 있습니다. 이를 종합해서 대구 부동산시장을 분석해 본다면 2024년은 여전히 입주물량이 많아 하락의 환경에 놓여 있다고 할 수 있습니다. 수요 측면에서도 2024년 하반기부터 줄어드는 공급량에 의해서 특별한 변수가 없는 한 매매 거래가 살아날 것으로 기대해 볼 수 있습니다. 2024년은 힘든 시기이지만 하반기부터 급격히 줄어드는 공급량으로 2025년과 2026년 그리고 2027년은 전혀 다른 환경으로 갈 가능성이 매우 높다고 판단해 볼 수 있습니다.

광주 부동산 분석

지방 광역시 중에서 지역 내의 수요 집중도가 가장 높은 도시는 광주광역시입니다. 비슷한 인구를 가진 대전광역시보다 수요가 많으며 인구수 대비 거래량 또한 타 도시보다 많은 편입니다. 이는 전남지역의 많은 분들이 광주광역시에서 거래를 하기 때문으로 보입니다. 이러한 이유로 인구수 대비 재고주택수가 가장 많은 곳도 광주광역시입니다. 인구수 대비 재고주택이 가장 많고 공급물량의 변동폭이 크지 않아서 가격의 변동성이 낮은 곳이기도 합니다.

인구수 대비 거래량이 많고 전남지역에서 광주광역시로의 집중도가 높아 평균 공급량보다 조금 더 많은 수요가 있는 것으로 추정됩니다. 〈그림 10-10〉에서 보듯이 광주는 다른 도시와 다르게 2000년대 이후에는 공급량의 변동성이 적은 것을 볼 수 있습니다. 또한 공급 변동성이 적어 가격의 변동성 또한 타 도시보다 적습니다.

　　　　　　　　결국엔 오르는 집값의 비밀

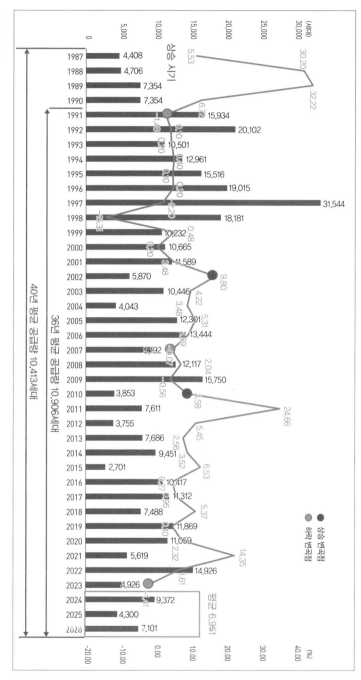

● 그림 10-10 광주의 공급량으로 보는 상승과 하락 변곡점

자료: KB부동산

상승 시기

상승 변곡점
하락 변곡점

40년 평균 공급량 10,413세대

36년 평균 공급량 10,906세대

평균 6,951

● 그림 10-11 광주의 입주물량과 누적 매매 거래량

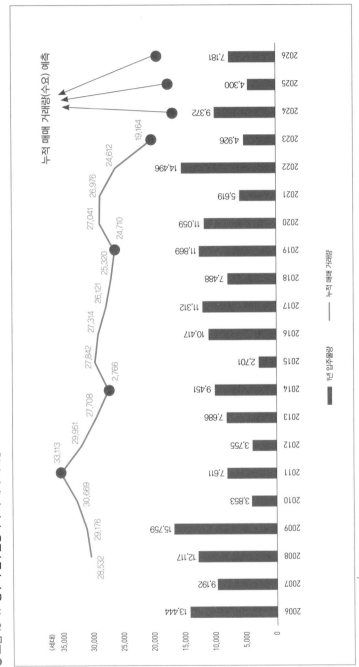

(세대)

연도	1년 입주물량	누적 매매 거래량
2006	13,444	
2007	9,192	28,532
2008	12,117	29,176
2009	15,759	30,669
2010	3,853	33,113
2011	7,611	29,951
2012	3,755	27,708
2013	7,686	2,766
2014	9,451	27,842
2015	2,701	27,314
2016	10,417	26,121
2017	11,312	25,320
2018	7,488	24,710
2019	11,869	27,041
2020	11,059	26,976
2021	5,619	24,612
2022	14,496	19,164
2023	4,926	
2024	9,372	
2025	4,300	
2026	7,181	

누적 매매 거래량(수요) 예측

— 누적 매매 거래량

■ 1년 입주물량

자료: KB부동산

결국엔 오르는 집값의 비밀

광주의 수요는 평균 공급량보다 조금 많은 1만 1,000~1만 2,000세대로 추정할 수 있는데 과거의 가격 흐름에서 이러한 수요를 추정할 수 있습니다. 2000년 초반에는 1만 2,000세대에서도 상승이 나왔던 반면에 2016년과 2017년 그리고 2022년에는 각각 1만 417세대, 1만 1,312세대, 1만 4,496세대인데도 보합이 유지되고 있기 때문입니다. 이 수요를 기반으로 하락 변곡점이 발생한 시점은 1991년과 2007년, 두 차례 정도이며 그 하락의 폭도 크지 않았습니다. 세 번째는 2023년 금리상승에 의해 하락이 있었던 시기였습니다. 상승의 변곡점도 2002년과 2010년으로 두 차례 있었으며 2013~2020년은 많지 않은 공급량으로 매매가격의 변동폭도 크지 않은 것을 볼 수 있습니다.

이를 기준으로 2024년 공급량을 분석하면 9,372세대로 적지도 많지도 않은 물량이 입주 예정되어 있고 2024~2026년 3년 누적 공급량은 평균 6,951세대라 상승환경을 만들어갈 수 있는 시점에 있는 것으로 판단해 볼 수 있습니다.

〈그림 10-11〉을 보면 타 도시와 다르게 수요의 변동성도 적은 것을 볼 수 있습니다. 누적 매매 거래량은 2019년을 저점으로 2020~2021년 상승하였다가 다시 하락하는 추세를 보이고 있습니다. 앞에서도 언급했듯이 2024년의 입주물량이 적지도 많지도 않기 때문에 매매 거래량이 큰 폭으로 반등하기는 어려워 보이며, 2025년 이후에는 적은 입주물량으로 거래량이 반등할 가능성이 매우 높아 보입니다.

마지막으로 시장 내부의 수급환경을 보면, 타 도시와 비슷하게 가장 나쁜 환경에서는 벗어나고 있습니다. 〈그림 10-12〉와 같이 전세수급지수

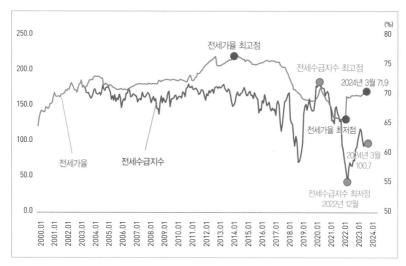

○ 그림 10-12 **광주의 전세가율과 전세수급지수**

자료: KB부동산

는 2010년 이후부터 조금씩 떨어지는 추세입니다. 꾸준한 공급의 효과라고 생각합니다. 하락 추세 중에 2020년 임대차 3법 시행 이후 급격히 전세수급지수가 상승하여 11월 196.5로 최고점에 달했다가 다시 급락해 2022년 12월에는 41.8까지 떨어지게 됩니다. 최저 바닥을 지나 2024년 3월에는 100.7로 상승했습니다. 한편 전세가율은 2014년 9월 78.5의 최고점 이후 꾸준히 하락하여 2022년 10월 66.9로 바닥을 다지고 다시 상승하고 있습니다. 이러한 내용들을 종합해 보면 2024년은 분위기를 반전시킬 정도로 입주물량이 적지는 않습니다. 하지만 전세수급지수와 전세가율이 반등하고 있으며 다가오는 2025년과 2026년의 입주물량 감소로 점차 분위기가 좋아질 것으로 예상합니다. 전체적인 환경은 광주광역시도 2025년 이후에는 좋아질 것으로 보입니다.

결국엔 오르는 집값의 비밀

대전 부동산 분석

대전광역시는 큰 밭(大田)이라는 이름처럼 평지가 많으며 도시계획에 의해서 구조적으로 잘 조성된 곳입니다. 대전에 큰 변화가 생긴 시기는 2012년 세종시 입주가 시작되었던 때로, 수요에 변화가 생기기 시작하였기 때문입니다. 세종시 입주가 시작되기 전까지 대전의 수요는 지역 내에서 주거지를 선택하여 수요와 공급이 잘 맞는 도시였습니다. 하지만 세종시가 세워지면서 도시와 도시가 연결되어 수요 예측이 매우 어려운 곳이 되었습니다.

또한 대전은 안정된 일자리를 기반으로 꽤 높은 연봉이 오랫동안 지속되었던 곳입니다. 여기에 세종시는 공무원들로 구성된 도시로 안정된 직업군이 점차 자리를 잡으며 부동산시장에 새로운 환경이 조성되고 있다고 할 수 있습니다.

2012년 이후 세종시의 입주가 시작되며 대전에 큰 변화가 있었지만,

그동안 어떤 사이클로 움직였는지 살펴보도록 하겠습니다. 〈그림 10-13〉은 대전광역시의 연도별 공급량과 매매가격 상승률을 나타낸 그래프입니다. 평균 공급량은 9,361세대이고 1987년부터 세종시가 들어서기전인 2011년까지 25년 동안은 평균 1만 315세대가 공급되었습니다.

이를 기반으로 수요를 추정하면 9,500~1만 세대 정도로 보입니다. 추정된 수요로 하락 변곡점을 확인해 보면 1992년과 1998년 그리고 2006년으로 공급량은 각각 2만 635세대, 1만 1,876세대, 1만 5,786세대였습니다. 3년 누적 공급량 평균인 1만 세대가 넘는 시점에서 하락했던 것을 볼 수 있습니다.

상승 변곡점 시점은 1996년, 2001년, 2008년입니다. 모두 3년 누적 공급량 평균보다 적은 1만 세대 미만이 3년 동안 공급되는 해에 상승 반전하게 됩니다. 또 세종시 입주가 점차 줄어드는 시점에서 대전은 2018년부터 서서히 상승을 하게 되는데요. 이때도 역시 평균 공급량이 6,000세대 정도밖에 안 되어 반등을 시작하게 됩니다.

과거 상승과 하락의 변곡점을 기준으로 보면, 2024년 입주물량 9,969세대는 많지도 적지도 않으며 3년 누적 공급량은 평균 8,826세대로 예정되어 있습니다. 그리고 2025년에도 1만 899세대의 입주가 예정되어있어서 시장의 모멘텀을 만들기에는 적지도 많지도 않은 물량입니다.

〈그림 10-14〉의 누적 평균 매매 거래량을 통해서 수요가 움직이는 모습을 추정할 수 있습니다. 공급의 변동성이 상대적으로 적은 2011년이후에는 매매 거래량도 천천히 상승하는 추세임을 알 수 있습니다. 세종시 입주물량이 감소하는 2018년부터 증가한 매매 거래량은 2020년

결국엔 오르는 집값의 비밀

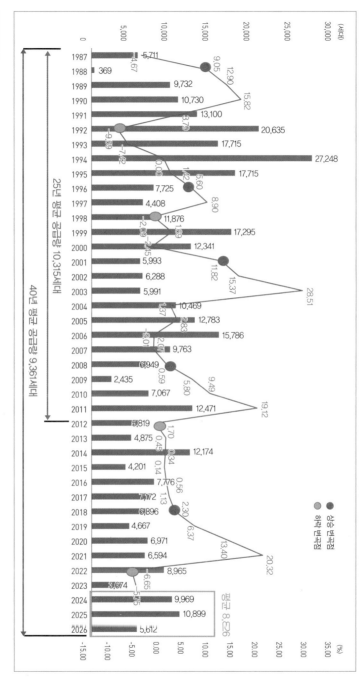

● 그림 10-13 대전의 공급량과 상승과 하락 변곡점

자료: KB부동산

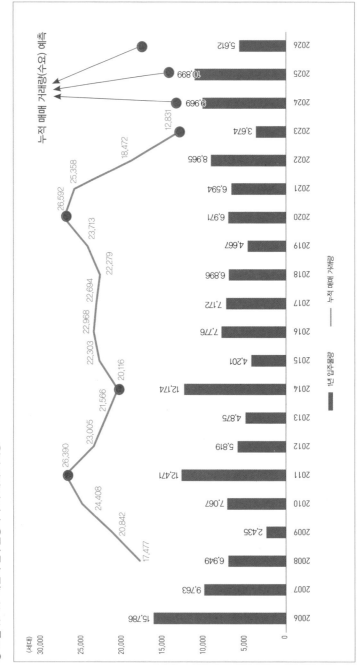

자료: KB부동산

을 정점으로 지속적으로 하락하며 2023년에는 최저점을 찍었습니다. 2024년은 입주물량이 많지도 않지만 적지도 않기에 매매 거래량은 크게 반등하기보다는 천천히 움직이는 해가 될 것으로 보입니다. 대전은 2012년부터 공급량이 적었기 때문에 신축에 대한 수요가 잠재되어 있을 것으로 보고 있습니다. 그래서 재고주택의 상승보다는 분양권이 좋은 선택이 될 가능성이 높은 시기라고 할 수 있습니다. 참고로 다른 광역시보다 재고 아파트의 노후화가 심한 곳이 대전입니다.

다음으로 현재의 전세수급지수와 전세가율을 통해서 시장 내부의 수급환경이 어느 정도인지 확인해 보겠습니다. 〈그림 10-15〉는 대전의 전세가율과 전세수급지수의 큰 흐름을 보여주고 있습니다.

○ 그림 10-15 **대전의 전세가율과 전세수급지수**

자료: KB부동산

대전의 전세가율은 2018년 4월 76.0으로 최고점을 찍고 지속적으로 하락하여 2021년 12월 65.4의 바닥에서 다시 상승하여 2024년 3월에는 70.1까지 올라와 있는 상태입니다. 전세수급지수는 2020년 11월 193.3의 최고점에서 점차 하락하여 2022년 12월에는 55.0로 바닥에서 2024년 3월은 116.8까지 올라와 있는 상태입니다. 과거의 통계로 볼 때 전세수급지수가 150.0~160.0 정도까지 올라간다면 재고주택도 가격상승으로 이어질 가능성이 매우 높습니다.

　다가올 3년의 공급과 수요를 통해서 대전의 부동산시장을 전망해 보면, 공급량이 많지도 적지도 않는 환경이 2025년까지 지속됩니다. 반면 전세수급지수는 광역시 중에서 가장 빠른 반등을 하고 있는 지역입니다.

　다만, 확정되어 있지 않으나 재건축·재개발을 통해 분양 예정된 물량이 꽤 있으며 이 공급량으로 인해서 추세적인 반등의 시간이 지연될 가능성이 있기에 관심을 가져야 할 부분입니다.

결국엔 오르는 집값의 비밀

울산 부동산 분석

울산광역시는 산업도시로서 기업의 활동과 산업의 경기에 따른 수요 변화가 타도시에 비해 심한 곳이라고 할 수 있습니다. 그래서 수요 예측이 어려운 곳입니다. 또 일정 부분은 부산 부동산시장의 분위기에 영향을 받습니다. 즉 부산보다 후행해서 움직이거나 혹은 심리적인 영향을 받는 곳이기도 합니다.

울산 부동산시장의 사이클도 큰 틀에서는 3년 누적 공급량(입주물량)으로 움직이는 것으로 확인됩니다. 〈그림 10-16〉을 보며 과거 3년 누적 공급량과 매매가격의 변화를 통해서 어떤 사이클을 만들었는지 알아보겠습니다. 지난 36년 동안 울산의 평균 공급량은 7,345세대 정도이지만 이보다 조금 더 많은 8,000에서 8,500세대 정도로 수요를 추정하고 있습니다.

그림에서 보다시피 2010년과 2014년 그리고 2015년 공급량은 각각

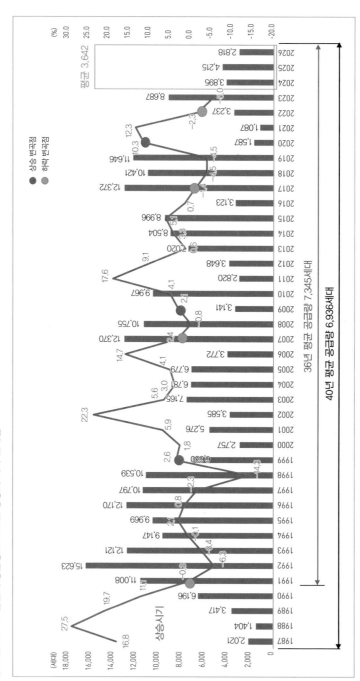

● 그림 10–16 울산의 공급량으로 보는 상승과 하락 변곡점

상승 변곡점
하락 변곡점

평균 3,642

36년 평균 공급량 7,345세대

40년 평균 공급량 6,936세대

상승시기

자료: KB부동산

결국엔 오르는 집값의 비밀

9,967세대, 8,504세대, 8,996세대로 8,000세대 이상에서도 상승하는 것을 볼 수 있습니다. 또한 하락 사이클 시기에는 평균 공급량이 대부분 1만 세대가 넘어 하락이 유지되었습니다. 이처럼 8,000~8,500세대를 기준으로 3년 누적 공급량이 얼마인지에 따라 시장의 변곡점이 생겨나게 되는데요. 1기 신도시 시작 시점인 1991년 그리고 3년 누적 공급량이 평균을 넘어서는 첫해인 2007년과 2017년에 하락 변곡점이 생겨나게 됩니다.

반면 3년 누적 공급량보다 적은 첫 해, 1999년과 2009년, 2020년에 상승을 시작하게 됩니다. 이를 기준으로 해서 다가올 공급량으로 분석해 보면, 2024년부터는 3년 누적 공급량이 평균 3,642세대입니다. 상승 환경을 만들 수 있는 적은 입주물량이 예정되어 있습니다.

수요 측면에서 보면 2020년부터 적은 공급량이 지속되어 상당한 잠재수요도 있을 것으로 보이며 이로 인해 지방 광역시 중에서 울산이 가장 먼저 상승 변곡점이 발생할 수 있습니다. 또한 매매 거래량의 추세적인 움직임을 통해서 2024년에서 2026년까지 입주물량과 함께 앞으로의 후행 매매 거래량을 예측해 볼 수 있습니다

〈그림 10-17〉은 울산 입주물량과 누적 매매 거래량의 추세를 나타낸 그래프입니다. 울산은 다른 도시들과 조금 다르게 2009년 이후부터 2016년까지 입주물량이 적어 매매 거래량 또한 천천히 떨어지고 있는 것을 볼 수 있습니다.

2018년에 쇠서섬을 기록한 매매 거래량은 점차 솔다가다가 2021년 고점을 찍고 다시 하락하는 모습입니다. 이를 과거와 비교해 보면 공급

● 그림 10-17 울산의 입주물량과 누적 매매 거래량

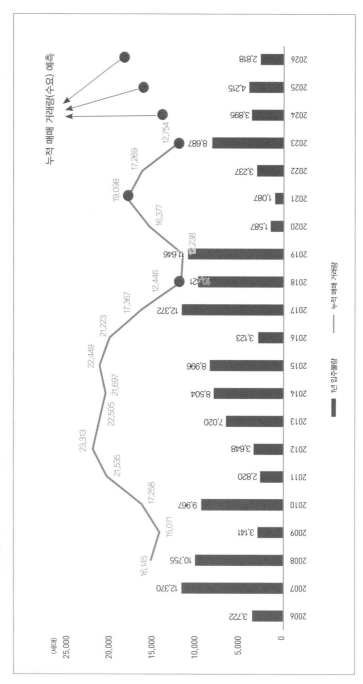

자료: 한국부동산원

결국엔 오르는 집값의 비밀

이 늘어나면서 매매 거래량이 줄어든 것이 아니라 금리상승으로 인해 수요가 감소했기에 잠재수요는 꽤 많이 남아 있을 것으로 판단됩니다. 그리고 다가오는 2025년과 2026년은 입주물량 부족으로 인해 가장 빠르게 매매 거래량이 증가하는 것도 예상해 볼 수 있습니다.

다음으로는 현재의 전세수급지수와 전세가율을 통해서 분석해 보겠습니다. 〈그림 10-18〉을 보면 울산의 전세가율은 2022년 11월 75.9 최고점에서 내려와 2024년 3월 72.3에서 상승 전환한 상태입니다. 전세수급지수는 2020년 11월 192.6의 최고점에서 2023년 1월 69.8로 바닥을 찍고 2024년 3월 130.8까지 올라와 있는 상태입니다. 울산은 2024년 3월 기준으로 지방 광역시 중에서는 가장 높은 전세수급지수를 보여주고 있습니다. 이는 현재의 공급량 부족이 부동산시장 내에 점차적으

● 그림 10-18 **울산의 전세가율과 전세수급지수**

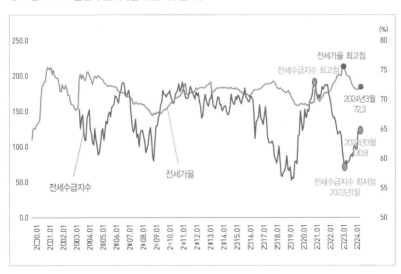

자료: KB부동산

로 영향을 주고 있는 것으로 분석할 수 있습니다.

　이를 종합하여 울산 부동산시장을 분석하면 2020년부터 부족했던 공급이 2026년까지 지속되고 있어 절대적으로 공급량이 부족해 보입니다. 수요 측면에서도 타 도시에 비해 빠르게 매수에 참여할 가능성이 높고, 그래서 지방에서는 울산이 가장 먼저 상승할 가능성이 있어 보입니다.

　지금까지 수도권부터 지방 광역시까지 간단히 시장을 분석해 보았습니다. 공급이 적은 도시들의 시장 상황은 점점 좋아지고 있는 것으로 보입니다. 2022년 대부분 도시들이 금리 상승으로 인해 하락하면서 꽤 오랫동안 침체 구간을 지나고 있습니다. 주택시장은 주거를 해결하는 과정에서 생겨나는 변동성이 기본이고, 그 외의 변수에 의해 변동성이 생겼다면 결국은 주거라는 본질로 다시 돌아와 다시 공급에 의한 변동성으로 바뀌게 됩니다.

　2024년 하반기부터 전국 대부분 도시들이 공급부족 국면에 접어듭니다. 여러 도시에서 다시 전세가격 상승이라는 공급부족의 신호들이 나오고 있는 것인지도 모릅니다. 몇 년의 큰 하락을 겪고 남은 막연한 불안감으로 이제 부동산시장은 끝났다는 판단을 내리기에는 아직도 주택을 필요로 하는 분들이 많을 것이라고 생각합니다.

중소도시 부동산 분석

서울·수도권과 지방 광역시를 분석하는 방법이 다르듯이 지방 중소도시들 또한 분석하고 전망하고 예측하는 방법이 조금 다릅니다. 작은 도시들은 외부의 변수에 영향을 많이 받기 때문에 더욱 쉽지 않습니다. 그래서 작은 도시들은 반드시 확률을 높이는 전략이 필요합니다. 인접한 도시나 도 전체의 부동산 환경이 어떻게 진행되고 있는지 같이 보는 것이 바로 확률을 높이는 방법입니다. 그중에 가장 중요한 것이 도 전체의 수요를 파악하고 해당 중소도시 내의 수요를 파악해서 공급량이 최저로 겹치는 시점을 파악하는 것입니다. 저의 경우 이렇게 전망했을 때 가장 확률이 높았습니다. 그래서 작은 도시들은 이러한 방법으로 분석하고 전망을 해보도록 하겠습니다.

충청북도 청주시

청주시는 인구 85만의 도시로 인구가 지속적으로 늘어나고 있는 곳입니다. 그래서 인구가 줄어드는 영호남권 도시와는 부동산시장의 움직임이 조금 다릅니다. 인구가 늘어나는 지역의 특성은 전체 주거수요는 늘어나지만 주거수요의 대부분이 일자리와 관련해서 이동하는 경우라는 점입니다.

이렇게 이동하는 수요는 시장의 상황에 따라 자가와 임대 사이에서 선택의 폭이 넓어 매매수요 파악이 어려운 점도 있습니다. 하지만 늘어난 수요는 언젠가는 매수수요가 될 가능성이 크기 때문에 시장은 활력을 띠게 됩니다.

지역마다 고유의 특성이 있는 중소도시를 분석할 때는 조금 더 예측 확률을 높이는 전략이 필요합니다. 상승과 하락의 예측 확률을 높이기 위해서는 청주시의 수요·공급과 충청북도 전체의 수요·공급을 함께 분석해야 합니다. 두 개의 시장이 모두 수급 불안이나 과잉의 상태일 때를 파악하는 것입니다. 이런 방법으로 분석을 해보도록 하겠습니다. 결국 어디로 이동하든 집이 부족하다거나 많다고 느낄 때 수요의 선택은 하나의 방향으로 움직이기 때문입니다.

먼저 청주의 수요는 5,800세대 전후로 파악됩니다. 충청북도 전체의 수요는 대략 9,500~1만 세대로 추정합니다. 이를 기준으로 청주와 충북의 3년 누적 공급량을 계산하면 각각 1만 7,500세대, 2만 8,500세대 정도입니다. 수급 현황에 따라 가격이 어떻게 변했는지 보겠습니다.

〈그림 10-19〉는 청주와 충북의 1년 공급량과 3년 누적 공급량 그리

○ 그림 10-19 **청주, 충북 공급량과 매매가격 상승률**

| 청주
당해 수요
5,800 | 3년
누적 수요
17,500 | 충북
당해 수요
9,500 | 3년
누적 수요
28,500 |

항목 \ 연도	2004년	2005년	2006년	2007년	2008년	2009년	2010년	2011년
청주 입주량	2,799	3,762	10,161	5,570	3,610	3,621	7,870	1,115
청주 3년 누적량	16,722	19,493	19,341	12,801	15,101	12,606	9,960	5,557
충북 입주량	4,960	5,465	12,143	12,014	6534,	4,817	8,313	1,747
충북 3년 누적량	22,568	29,622	30,691	23,365	19,664	14,877	11,484	7,407
청주 매매상승률	4.80	8.67	3.41	−0.93	1.82	1.90	5.79	22.94

항목 \ 연도	2012년	2013년	2014년	2015년	2016년	2017년	2018년	2019년
청주 입주량	975	3,467	2,837	5,241	6171	1,977	14,095	8,328
청주 3년 누적량	7279	11,545	14,249	13,389	22,243	24,400	30,026	20,471
충북 입주량	1,424	4,236	6,623	7,160	10,759	11,253	22,101	12,305
충북 3년 누적량	12,283	18,019	24,542	29,172	44,113	45,659	42,327	27,545
청주 매매상승률	6.73	2.92	9.16	0.74	−2.57	−2.81	−5.70	−2.87

항목 \ 연도	2020년	2021년	2022년	2023년	2024년	2025년	2026년
청주 입주량	7,603	4,540	4,027	6,685	7,067	4,392	5,111
청주 3년 누적량	16,170	15,252	17,779	18,144	16,571		
충북 입주량	7,921	7,319	5,010	11,398	17,552	12,458	5,526
충북 3년 누적량	20,250	23,727	33,960	41,408	33,976		
청주 매매상승률	3.46	16.84	−0.54	−4.0			

자료: KB부동산

고 청주의 매매가격 상승률입니다. 청주와 인접해 있는 도시 모두 포함해서 충청북도 전역의 공급량을 분석한 자료입니다. 그림에서 보듯이 공급이 많은 부분과 적은 부분을 겹쳐서 보면 2008년에서 2015년까지의 상승 구간 그리고 2016년에서 2019년까지 하락 구간이 수급환경과 거의 맞는 것을 알 수 있습니다. 맞지 않는 부분은 2006년과 2007년 그리고 2022년 정도입니다. 정확하게 가격 전망을 할 수는 없지만 이렇게 확률을 높일 수 있습니다.

결국 주택시장의 본질은 도시가 작든 크든 어디서든 주거를 해결해야 되며 주택이 부족해지면 매매를 선택할 수밖에 없다는 것입니다. 종합해 보면 2024년은 충북과 청주 모두 약간 물량이 많은 환경입니다. 절대적인 수치로 보면 많은 물량은 아닙니다. 그리고 지난 2022년과 2023년의 많지 않은 물량 흐름으로 본다면 2024년은 보합으로 갈 가능성이 많아 보입니다.

충청남도 천안시

천안시는 인구 65만 정도의 규모이지만 수도권에서 가장 가까운 지리적인 위치로 인해 인구증가가 가장 많았던 곳이었습니다. 하지만 2020년부터 2023년까지는 다소 정체된 인구증가율을 보이고 있습니다.

천안을 중심으로 가장 인접한 아산과 인접한 도시들로 인하여 수요·공급과 매매가격 상승률이 상대적으로 덜 맞는 경향이 있습니다. 청주보다는 인구가 적지만 이런 연결성으로 인해서 청주의 수요와 큰 차이가 없습니다. 인구가 충청북도보다 많은 충청남도가 전체적인 수요도

● 그림 10-20 천안, 충남 공급량과 매매가격 상승률

천안 당해 수요 5,500 · 3년 누적 수요 15,000 · 충남 당해 수요 15,000 · 3년 누적 수요 45,000

항목 \ 연도	2004년	2005년	2006년	2007년	2008년	2009년	2010년	2011년
천안 입주량	12,623	6,548	5,540	3,947	516	7,710	5,964	4,161
천안 3년 누적량	24,711	16,035	10,003	12,173	14,190	17,835	10,760	8,546
충남 입주량	15,962	15,559	20,369	15,746	9,172	16,559	10,672	8,192
충남 3년 누적량	51,890	51,674	45,287	41,477	36,403	35,423	25,886	21,791
천안 매매상승률	−2.23	7.34	−0.14	−1.28	2.88	−1.17	0.65	12.74

항목 \ 연도	2012년	2013년	2014년	2015년	2016년	2017년	2018년	2019년
천안 입주량	635	3750	5,262	4,537	10,691	10,152	12,057	3,692
천안 3년 누적량	9,647	13,549	20,490	25,380	32,900	25,901	20,088	10,304
충남 입주량	7,022	6577	10,089	10,889	19,761	26,365	23,811	8,115
충남 3년 누적량	23,688	27,555	40,739	57,015	69,937	58,291	40,435	23,574
천안 매매상승률	11.96	5.44	4.75	−0.23	−2.06	−2.25	−3.83	−1.90

항목 \ 연도	2020년	2021년	2022년	2023년	2024년	2025년	2026년
천안 입주량	4,339	2,273	3,592	5,104	9,784	4,875	689
천안 3년 누적량	10,204	10,969	18,480	19,763	15,348		
충남 입주량	8,509	6,950	16,037	22,465	22,275	13,189	9,962
충남 3년 누적량	31,496	45,452	60,777	57,929	45,426		
천안 매매상승률	4.69	14.34	−1.2	−4.86			

자료: KB부동산

많으며 재고주택과 공급량도 많았습니다.

천안의 수요는 대략 5,000세대이며 3년 누적 수요는 보수적으로 1만 5,000세대 정도 그리고 충청남도의 전체 수요는 대략 1만 5,000세대, 3년 누적 수요는 4만 5,000세대로 추정하고 있습니다. 이를 기준으로 수급이 겹치는 환경에서 매매가격이 어떻게 변했는지 보겠습니다.

〈그림 10-20〉은 천안과 충남의 연도별 공급량과 3년 누적 공급량 그리고 천안의 매매가격 상승률입니다. 그림에서 보듯이 천안과 충남 전체가 공급이 없는 시기에 대체로 상승한 것을 볼 수 있습니다. 매매가격 상승률과 공급량을 비교했을 때 맞지 않는 시기는 2005년 그리고 2014년과 2019년 정도입니다. 인접한 아산시의 공급량에 따라서 한 해 더 상승하거나 상승이 늦어지는 경우도 있다고 판단됩니다. 인접한 도시와 연결이 잘되어 있고 공급이 있다면 수급이 잘 맞지 않는 경우가 생기게 됩니다.

공급량만 놓고 2024년과 앞으로 진행될 시장을 예상해 보면, 천안시가 입주물량이 조금 많은 편입니다만 3년 누적 공급량은 1만 5,348세대로 많다고 할 수 없기에 2024년 하반기부터 과다공급에서 벗어날 것으로 보입니다. 충남의 공급량도 2024년은 입주물량이 많고 3년 누적 공급량도 많은 편이 아니기 때문에 전체적인 시장 흐름은 상반기 약세에서 하반기 보합으로 움직일 가능성이 있어 보입니다.

청주와 천안의 경우 2024년은 과거와 같이 전체 충청 권역에서 명확하게 물량이 줄어드는 해가 아니기 때문에 시간을 두고 판단을 해도 늦지 않을 것으로 보입니다.

결국엔 오르는 집값의 비밀

전라북도 전주시

전주시는 인구 64만 정도의 규모지만 전라북도 권역에서 중심 역할을 하고 있는 곳입니다. 인구로 보면 천안시와 거의 비슷합니다. 하지만 수도권에 가까운 천안시에 비해 평균 입주물량과 매매 거래량, 전체 거래량 등 수요 통계들이 조금 작게 나오고 있습니다.

전라북도 권역에서 중심 역할을 하지만 확률 높은 시장 전망을 하기 위해서는 전라북도 권역에 있는 공급물량과 같이 분석하는 것이 가장 좋은 선택이 됩니다.

먼저 전주의 수요는 5,000세대 정도로 추정하며 3년 누적 수요는 1만 5,000세대입니다. 전라북도의 수요는 1만 2,000세대 그리고 3년 누적 수요는 3만 6,000세대로 입주물량과 함께 매매가격이 어떻게 움직였는지 분석해 보도록 하겠습니다.

〈그림 10-21〉을 보면 전주시와 전라북도의 공급량은 2004년부터 2016년까지 많지 않았습니다. 그래서 전반적으로 긴 상승을 하였습니다. 2013년과 2014년에는 많지 않은 물량에도 가격이 하락했는데요. 전주혁신도시가 입주를 시작하여 큰 이동이 있으면서 약한 하락이 나왔을 것으로 추정합니다.

2023년은 공급물량이 극히 적은 상황에서 금리상승의 충격으로 하락이 나왔고, 2024년 또한 전주는 물론 전북 전체가 공급물량이 적은 환경에 있습니다. 이런 이유로 KB부동산 기준으로는 2024년 3월, 한국부동산원 기준으로는 4월 중순부터 상승으로 전환되고 있습니다.

다가올 2025년과 2026년까지 예정된 입주물량이 크게 줄어 있기에

○ 그림 10-21 전주시와 전라북도의 매매가격 상승률

전주 당해 수요 5,000	3년 누적 수요 15,000	전북 당해 수요 12,000	3년 누적 수요 36,000

항목 \ 연도	2004년	2005년	2006년	2007년	2008년	2009년	2010년	2011년
전주 입주량	1,987	4,815	4,330	5025	4,081	3,503	2,437	542
전주 3년 누적량	11,132	14,170	13,436	12,609	10,021	6,482	3,979	8,001
전북 입주량	7,213	8,661	9,971	11,015	11,271	9,747	7,976	6,593
전북 3년 누적량	25,845	29,647	32,257	32,033	28,994	24,316	22,975	22,929
전주 매매상승률	5.30	4.24	3.30	0.55	1.96	6.70	17.20	17.10

항목 \ 연도	2012년	2013년	2014년	2015년	2016년	2017년	2018년	2019년
전주 입주량	1,000	6,459	2,286	2,767	3,548	2,602	10,024	9,392
전주 3년 누적량	9,745	11,512	8,601	8,917	16,174	22,018	27,165	19,588
전북 입주량	8,406	7,930	10,997	11,361	8,277	14,365	13,415	13,264
전북 3년 누적량	27,333	30,288	30,635	34,003	36,057	41,044	42,935	36,312
전주 매매상승률	0.32	−1.69	−0.51	2.07	0.62	−0.17	−1.14	−4.22

항목 \ 연도	2020년	2021년	2022년	2023년	2024년	2025년	2026년
전주 입주량	7,749	2,447	2,567	1,369	254	0	268
전주 3년 누적량	12,763	6,383	4,190	1,623	522		
전북 입주량	16,256	6792	10,579	7,042	8,848	9,784	4,536
전북 3년 누적량	33,627	24,413	26,469	25,674	23,168		
전주 매매상승률	1.22	12.26	6.21	−5.31			

자료: KB부동산

결국엔 오르는 집값의 비밀

매매가 상승이 이어질 것으로 판단됩니다.

경상남도 창원시

창원시는 인구 100만이 조금 넘는 도시지만 인구 규모에 맞는 거래량은 나오지 않는 곳입니다. 2010년 마산시, 창원시, 진해시의 행정구역 통합으로 전체적인 수요가 늘어난 것 같지만 인구가 지속적으로 감소하고 있는 곳입니다.

전체적인 큰 방향은 경남지역 공급량의 영향도 받지만 오히려 부산의 영향을 더 많이 받는 곳입니다. 그래서 창원은 경남의 전체 공급량 분석뿐만 아니라 부산의 가격 흐름을 같이 분석하는 것이 좋습니다.

부산시 강서구와 경남 김해시 그리고 창원의 진해구까지 연결된 도시 구조와 부산과 창원의 가격 흐름에서도 큰 방향은 같이 가는 모양새를 보입니다. 그래서 창원은 자체 공급량도 분석해야 하고, 부산의 큰 방향을 같이 참고해야 해서 공급량 하나로 분석하기는 쉽지 않은 곳입니다.

〈그림 10-22〉을 보면 2006년 이후부터 창원과 부산의 가격 등락 흐름이 비슷한 것을 볼 수 있습니다. 창원 자체의 공급량의 영향을 받으면서 큰 흐름은 부산의 방향과 비슷하게 움직이고 있습니다. 창원의 수요는 6,000세대 정도로 추정되며 3년 누적 수요는 1만 8,000세대 정도 됩니다. 이를 기준으로 매매가격 상승률과 공급량을 통해서 분석해 보겠습니다.

〈그림 10-23〉을 보면 2012년에 누적 공급량이 9,432세대밖에 되지 않지만 가격은 약세를 보이고 있습니다. 그리고 3년 누적 공급량이 1만

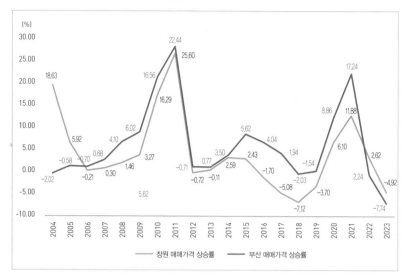

● 그림 10-22 **창원, 부산의 매매가격 상승률**

자료: KB부동산

8,747세대인 2014년과 2만 4,994세대인 2015년에도 가격이 상승하는 것을 볼 수 있습니다. 3년 누적 공급량이 매매가 상승률의 변곡점을 만들어내지 못하는 것입니다. 전체적인 큰 방향이 부산과 같이하기 때문입니다. 그래서 창원은 공급량과 매매가격의 상관관계가 낮은 곳이라고 할 수 있습니다.

2004년부터 2023년까지 수요·공급과 가격상승이 맞지 않는 해는 8차례나 됩니다. 타 도시보다 예측 가능성이 낮은 것을 알 수 있습니다. 그렇다고 공급량을 전혀 무시할 수 없는데요. 공급량에 따라 등락의 폭이 달라지면서 움직이고 있는 것으로 보입니다. 2024년과 2025년은 적은 공급환경으로 조성되어 가고 있기에 부산의 변곡점 시그널에 따라

│ **274** │   결국엔 오르는 집값의 비밀

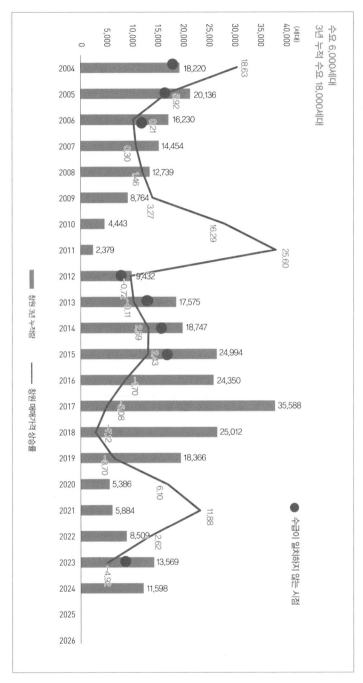

수요 6,000세대
3년 누적 수요 18,000세대

(세대)

자료: KB부동산

■ 창원 3년 누적 ── 창원 매매가격 상승률

● 수급이 일치하지 않는 시점

같이 움직일 가능성이 높은 곳이라고 할 수 있습니다.

　창원시의 예처럼 작은 규모 전망이 어려운 것은 도시 내부에서 만드는 공급환경과 외부의 환경이 같이 영향을 주고 있기 때문입니다.

경상북도 포항시

포항시는 인구 49만 정도의 규모로 위치는 경상북도 동해안에 위치하고 있어서 다른 중소도시보다는 상대적으로 독립되어 있는 곳입니다. 포항시도 예외 없이 인구가 점차 감소하고 있는 도시이며 제조업이 왕성하던 시기와는 조금 다른 환경에 처해 있다고 생각합니다. 지난 시절의 포항은 공급량과 매매가격이 어떤 흐름이었는지 보겠습니다.

　포항의 수요는 3,500세대 정도로 추정되며 3년 누적 수요는 1만 8,000세대입니다. 〈그림 10-24〉에서 상승과 하락의 변곡점이 일어난 시기는 3년 누적 공급량이 적었던 2009년이며, 2020년에 상승 전환하였습니다. 공급량이 3년 누적 공급량보다 많았던 2016년과 2022년에는 하락으로 전환되었습니다.

　잘 맞지 않는 구간은 2019년입니다. 공급물량이 크게 없는데도 불구하고 상승 전환이 늦었던 것은 2018년의 입주물량이 많아서 2019년까지 영향을 준 것으로 보입니다.

　독립적으로 위치한 도시는 내부의 공급량에 의해 가격 변화를 만들어 낸다는 점을 포항의 예에서도 간접적으로 확인할 수 있었습니다. 이를 종합해서 2024년을 전망해 보면, 몇 년 사이 최근 많은 입주물량이 몰려 있는 곳이 포항입니다. 그래서 2024년 한 해 동안은 여전히 시장이

　　　　　　　　　　　　결국엔 오르는 집값의 비밀

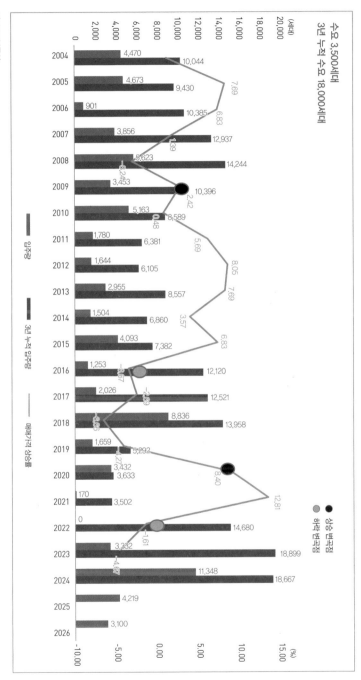

수요 3,500세대
3년 누적 수요 18,000세대

(세대)
20,000
18,000
16,000
14,000
12,000
10,000
8,000
6,000
4,000
2,000
0

2004　4,470　10,044　7.69
2005　4,673　9,430
2006　901　10,385　6.83
2007　3,856　12,937　1.39
2008　5,623　14,244
2009　3,453　10,396　-3.24　2.42
2010　5,163　8,589　0.48
2011　1,780　6,381　5.69
2012　1,644　6,105　8.05
2013　2,955　8,557　7.69
2014　1,504　6,860　3.57
2015　4,093　7,382　6.83
2016　1,253　12,120　-3.67
2017　2,026　12,521　-2.69
2018　8,836　13,958　-0.03
2019　1,659　5,292
2020　3,432　3,633　-4.27　8.40
2021　170　3,502
2022　0　14,680　12.81　-1.61
2023　3,332　18,899
2024　11,348　18,667　-4.67
2025　4,219
2026　3,100

입주량

3년 누적 입주량

매매가격 상승률

상승 변곡점
하락 변곡점

(%)
15.00
10.00
5.00
0.00
-5.00
-10.00

어려울 것으로 보입니다.

　지금까지 수도권과 지방 광역시, 지방 중소도시의 부동산시장을 분석하고 전망해 보았습니다. 도시의 특성에 따라 분석 방법이 모두 다르고, 3년 누적 공급량이 유효한 지표가 되는 도시가 있는 반면 그렇지 않은 도시도 있습니다.

　어떤 분석을 하든 다가올 미래를 정확하게 예측할 수는 없습니다. 하지만 도시의 특성에서 만들어진 수요를 기반으로 하는 유일한 선행지표가 입주물량입니다. 이를 바탕으로 전망한다면 최소한 가격이 하락하는 시점을 피할 수 있을 것이라고 생각합니다.

　2024년과 2025년은 또 한 번 변화의 시작점이 될 가능성이 매우 높은 시기입니다. 꼭 투자가 아니더라도 변화의 시점에 좋은 선택이 되었으면 하는 바람입니다.

　　　　　　　　　　　　　　결국엔 오르는 집값의 비밀

어떤 분석을 하든 다가올
미래를 정확하게 예측할 수는 없습니다.
하지만 도시의 특성에서 만들어진 수요를 기반으로 하는
유일한 선행지표가 입주물량입니다.
이를 바탕으로 전망한다면 최소한 자산이 하락하는
시점은 피할 수 있습니다.

에필로그

시장에 영향을 미치는 건 금리보다 공급이다

부동산시장은 사람이 움직입니다. 그리고 사람들이 움직이는 이유는 두 가지가 있습니다. 하나는 주거이고, 또 다른 하나는 자산가치 상승에 대한 기대입니다.

주거 부분을 살펴볼까요. 주거할 곳의 부족과 과잉을 가장 잘 보여주는 것은 전세수급입니다. 전세수급지수가 상승하고 전세가격이 상승한다는 것은 전세가 부족하다는 의미입니다. 전세수급의 문제는 시장에 나와 있는 전세물량의 문제입니다. 가격의 문제가 아닌 수량의 문제인 것입니다. 전세물량이 적다는 것은 주거시장에서 가장 하단에 있는 수요가 움직인다는 의미이고, 이는 공급부족의 신호가 되는 것입니다.

전세물량의 부족으로 전세가격이 상승하면 전세가율이 상승하고, 이는 기대수익이 상승하는 과정입니다. 시작은 주거부족에서 비롯되었지만 주거부족이 전세가율을 올리며 투자환경을 좋아지게 만듭니다. 즉 매매가격과 전세가격의 갭이 줄어들면서 수익률이 높아지는 환경이 됩니다. 따라서 주거부족으로 인해 움직이는 실수요자와 투자자까지 시장에 진입하게 됩니다. 이렇게 사람들은 주거해결과 자산가치의 상승을 기대하면서 실수요자 혹은 투자자로 참여하게 됩니다.

전세수급과 전세가율이라는 두 가지 핵심 요인에서 키를 쥐고 있는 것이 바로 공급입니다. 금리는 수익률에 큰 영향을 미치지만 주거를 해결하지는 못합니다. 그래서 금리의 영향은 일정 기간 동안 일시적으로 영향을 주지만 지속적으로 영향을 주지는 못합니다. 만약 금리가 상승해 수익률이 훼손되었다면, 투자자들은 현재의 금리에 맞는 수익률이 될 때까지 시장에 참여하지 않게 됩니다. 대출을 실행해야 하는 실수요자도 마찬가지입니다.

만약 공급이 늘어나면 전세수급지수가 떨어지고 전세가율이 하락하며 전세가격이 떨어지는 반대의 흐름으로 가게 됩니다. 이렇게 공급이 지속되면 전세가격이 안정되고, 매매가격과 전세가격의 갭이 벌어지면서 투자환경이 나빠집니다. 기대수익이 줄어들어 투자자가 시장에서 사라지는 것입니다. 이렇게 공급부족과 공급과잉이 반복되는 과정에서 주거부족(전세수급)과 수익률(전세가율)도 변하며 사람들이 움직이게 됩니다. 사람들이 주거를 찾아가는 과정에서 나타나는 것이 전세수급과 전세가율의 변화입니다. 결국 우리가 공부해야 하는 것은 수요와 공급입니다. 가장 기본적인 만큼 여기에서부터 시작해야 하는 것입니다.

최근 몇 년간은 부동산시장이 가장 큰 변화를 겪은 시기였습니다. 코로나19로 인해 금리는 사상 최저 수준이었고, 임대차 3법 시행 이후 전세가격 폭등과 매매가격의 폭등이 이어지다가 금리가 상승하면서 매매가격은 큰 폭으로 하락했습니다. 불과 몇 년 사이에 일어난 일입니다. 과거를 돌아봐도 이처럼 짧은 기간에 이만큼 큰 변동성을 보인 적은 없었습니다. 저처럼 부동산에 대해 오랫동안 공부해 온 사람이라도 이렇게 변동성이 심한 시장을 파악하기란 쉽지 않은 일인 것 같습니다.

사실 부동산시장은 평범한 사람들만 어려워하는 것이 아닙니다. 소위 전문가라는 사람들도 변동성이 심한 장세에서는 시장을 예측하기가 거의 불가능합니다. 극심한 변동성을 일으킨 원인을 이해하는 것과 자산이 본연의 가치를 찾아가는 것은 전혀 다른 문제이지요. 그래서 잘못된 의사결정을 할 수 있습니다.

요즘은 정보가 넘쳐나는 시대입니다. 유튜브나 SNS 등을 비롯해 언론을 통해 쏟아지는 정보 속에서 부동산 공부를 꽤 했다는 저마저도 시장을 판단하는 데 어려움을 겪습니다. 하지만 지난 25년간 부동산시장을 지켜본 결과 한 가지 확실한 점을 깨달았습니다. 결국 제자리로 돌아온다는 것입니다. 어느 정도 시간이 지나면 부동산은 자신의 원래 가치를 찾아갑니다.

요즘 상황을 보면 시시각각으로 부정적인 뉴스와 긍정적인 뉴스가 번갈아 나오고, 이것이 확대 재생산되어 사람들에게 전파되고 있습니다. 최근에는 PF 대출 부실 문제, 러시아-우크라이나 전쟁과 중동전쟁 확산 우려에 환율 급등 같은 큰 악재들이 있고, 주택시장 내부에서는 전세가격 상승과 공급감소 우려도 대두되고 있습니다.

내가 만약 전세를 얻어야 한다면, 이런 악재들은 나에게 어떤 영향을

결국엔 오르는 집값의 비밀

미칠까요. 이 책에서 많은 부분을 할애하여 설명드린 것이 전세입니다. 주거의 본질에 가장 가까운 것이 전세이고, 전세의 변화가 우리 주택시장의 모두라고 해도 과언이 아닙니다. 이 책을 통해 전세가격의 변화와 전세수급 그리고 전세가율에 담겨 있는 의미들을 이해하셨다면 자신의 선택에 좀 더 현명하게 접근할 수 있을 것으로 생각합니다.

2025년과 2026년은 또 한 번 신규공급 부족이 이슈가 되고 전세부족 문제가 일어날 것으로 보입니다. 시장의 변화가 임대시장의 상황으로부터 촉발되는, 과거와 같은 패턴이 반복될 가능성이 매우 높습니다. 이 책이 여러분이 현명한 선택을 하는 데 조금이라도 보탬이 된다면 더 이상 바랄 나위가 없겠습니다.

감사합니다.

고수가 알려주는 부동산 사이클의 법칙

결국엔 오르는 집값의 비밀

제1판 1쇄 인쇄 | 2024년 6월 24일
제1판 1쇄 발행 | 2024년 7월 1일

지은이 | 김준영
펴낸이 | 김수언
펴낸곳 | 한국경제신문 한경BP
책임편집 | 윤효진
교정교열 | 김문숙
저작권 | 박정현
홍 보 | 서은실·이여진·박도현
마케팅 | 김규형·정우연
디자인 | 장주원·권석중
본문디자인 | 디자인 현

주   소 | 서울특별시 중구 청파로 463
기획출판팀 | 02-3604-590, 584
영업마케팅팀 | 02-3604-595, 562   FAX | 02-3604-599
H | http://bp.hankyung.com   E | bp@hankyung.com
F | www.facebook.com/hankyungbp
등   록 | 제 2-315(1967. 5. 15)

ISBN 978-89-475-4960-8 03320